BÚSSOLA DA ALMA

LYNN A. ROBINSON

BÚSSOLA DA ALMA

Tradução de
CLAUDIA MARCONDES

NOVA ERA

CIP-Brasil. Catalogação-na-fonte
Sindicato Nacional dos Editores de Livros, RJ.

R555b Robinson, Lynn A.
Bússola da alma: 52 maneiras de usar a intuição para criar a vida que você deseja / Lynn A. Robinson; tradução de Claudia Marcondes. – Rio de Janeiro: Nova Era, 2005.

Tradução de: Compass of the soul
ISBN 85-7701-014-7

1. Intuição – Problemas, questões, exercícios. 2. Intuição. I. Título.

05-2323 CDD – 153.44
CDU – 159.956

Título original norte-americano:
COMPASS OF THE SOUL

Direitos exclusivos de publicação em língua portuguesa para o Brasil adquiridos pela EDITORA BEST SELLER LTDA.
Rua Argentina 171 – Rio de Janeiro, RJ – 20921-380 – Tel.: 2585-2000
que se reserva a propriedade literária desta tradução

Impresso no Brasil

ISBN 85-7701-014-7

PEDIDOS PELO REEMBOLSO POSTAL
Caixa Postal 23.052
Rio de Janeiro, RJ – 20922-970

AGRADECIMENTOS

Um bom livro é resultado de cooperação e eu me considero afortunada por ter recebido uma extensa contribuição na criação de *Bússola da alma*. Muita gratidão e estima a:

- ★ Meu maravilhoso agente, John Willig, uma pessoa que sempre vislumbra um raio de luz em qualquer situação. Obrigada por seu apoio, paciência, determinação e grande senso de humor.
- ★ Jean Lucas, meu editor na Andrews McMeel — agradeço por ter sido tão cuidadoso em seu empenho em dar clareza e legibilidade ao meu livro.
- ★ Shane Bowlin, minha assistente extraordinária. Eu não teria chegado tão longe em minha carreira sem a sua ajuda. Você me faz rir e me distrai. Sou eternamente grata por você fazer o mundo saber quem eu sou e conhecer meu trabalho.
- ★ Minha querida amiga e alma gêmea, Laura Straus. Você sempre me encorajou a sonhar alto. Obrigada por acreditar em mim.
- ★ Meus fantásticos amigos e companheiros Bob e Gail Beck, Savita e Michael Brewer, Chrissy Carew, Mimi Doe, Michael Gerrish, Lori Hanau, Alison Hendren, John Holland, Shiri

Hughes, Gail McMeekin, Nancy Michaels, Marina Petro, Jean Redpath, Cheryl Richardson, Diane Ripstein, Barbara Selwyn, Simon Steel, Mark e Beth Sullivan e tantos outros. Obrigada por existirem.

★ Meu enteado, Cliff. Sinto muito orgulho de você e desejo que você seja abençoado em seu caminho na procura por uma vida melhor.

★ Meu marido, Gary. Sou de fato muito abençoada por seu amor e apoio. A vida não seria tão divertida se não fosse sua presença. Tenho muita sorte por estar casada com um homem tão maravilhoso, inteligente e adorável.

INTRODUÇÃO

Bússola da alma:

52 maneiras de usar a intuição para criar a vida que você deseja

Sou extremamente grata às milhares de pessoas que leram meu livro *Divine Intuition*. Muitas compreenderam a mensagem com o coração e compartilharam conosco histórias interessantes e maravilhosas revelando como o livro modificou suas vidas. Eu também recebi telefonemas, e-mails e cartas perguntando-me quando estaria disponível para apresentar minhas idéias pessoalmente. Como ainda não tenho a capacidade de me desdobrar e estar em vários lugares ao mesmo tempo, decidi escrever este livro para dividir com vocês um pouco da minha experiência prática.

A intuição surge de diversas formas. Ela se comunica conosco por meios variados. Não existe um modo único para distinguir suas orientações. *Bússola da alma* apresenta um método detalhado para que você possa criar a vida que sempre quis, fazendo uso da intuição. Cada capítulo, ou lições como prefiro denominar, é dividido em quatro partes:

Uma citação espiritual.

Uma lição de intuição, oferecendo um resumo filosófico que o ajudará a viver uma vida intuitiva.

Um exercício intuitivo, demonstrando uma técnica que facilita a integração da lição à sua vida.

Um diário intuitivo, contendo questões para serem desenvolvidas por escrito. Isso fará com que você se empenhe em refletir acerca de assuntos mais profundos — sobre o significado de "criar a vida que você deseja" e sobre como esta vida poderia ser.

Eu sei, por experiência pessoal e por trabalhar com milhares de clientes, que a intuição é uma fonte acessível de orientação — uma indicação da alma — disponível a todos, cortesia de Deus, do Universo, do Espírito, do Todo, ou do que quer que chamemos nossa crença individual no conhecimento divino. Eu não pretendo impor minhas crenças, só peço que você fique aberto à vastidão do "Divino. Para mim, ela significa uma inteligência invisível que impulsiona o nosso mundo e que proporciona a sabedoria e o amor que guiam nossas vidas.

Felizmente, todos nós temos a capacidade de estimular esse poder. Somos aptos a desenvolvê-lo para o uso prático no dia-a-dia, assim como para descobrir e alcançar nossas metas de vida. Eu acredito que essa sabedoria nos vem por meio do que chamamos de intuição. Muitas pessoas consideram a orientação interior uma faculdade de alguns poucos privilegiados, embora a intuição não seja mais vista como um talento raro e acidental e sim como uma habilidade natural que quase todos nós podemos desenvolver.

A maior parte da sabedoria que divido com vocês nestas páginas provém da "escola da vida". Tive que aprender por mim mesma estas lições e ainda continuo aprendendo! Também tenho observado, à distância, os conflitos internos de meus clientes em suas jornadas. Não há uma forma "correta" de utilizar este livro. Você pode querer usá-lo como um guia para as 52 semanas do ano, lê-lo de uma só vez, ou, simplesmente, escolher os capítulos com os quais você mais se identifica e se concentrar nos exercícios de percepção e no diário de informações daquelas seções.

Viver uma vida intuitiva é muito mais do que apenas prestar atenção na sua intuição. Envolve a procura interna por respostas, viver com coragem, fé, paciência e confiança. Envolve também a conexão com sua parte espiritual, por meio de exercícios diários, e a prática da sabedoria recebida. Eu acredito que o mundo poderia ser um lugar infinitamente melhor para se viver se todos nós soubéssemos como usar, de forma rotineira, o dom da intuição para criar vidas melhores. Minha esperança é que este livro ajude-o a se conectar com sua "sabedoria interior", para que assim você possa viver com entusiasmo, paixão e alegria.

LIÇÃO 1

Vivendo uma vida intuitiva

A percepção divina fala à nossa consciência humana,
oferecendo-nos compreensão rápida e aguçada dos
problemas diários e sugerindo soluções
possíveis por meio da linguagem da intuição,
que é a linguagem da alma.

— Mona Lisa Schulz

O que é intuição? Estas são algumas das respostas mais comuns. Intuição é:

Uma ferramenta para uma compreensão rápida e eficiente.
Uma faculdade mental natural.
Um sexto sentido que todos nós possuímos.
Uma sensação que vem de dentro.
Um elemento-chave no processo criativo.
Um aviso sob a forma de um frio na espinha.
Um componente na resolução de problemas e na tomada de decisões.

Um conhecimento profundo sobre si mesmo.
Uma forma de orientação e sabedoria vinda de Deus.

A intuição é um recurso poderoso para se adquirir conhecimento sobre si próprio e sobre o mundo que o cerca. Ela pode orientá-lo a fazer as melhores escolhas. Quando você fica atento à intuição e segue suas orientações, você é guiado para uma vida plena, bem-sucedida e com possibilidades ilimitadas. Eu creio que a intuição é uma conexão com a alma, a maneira como Deus (ou o Universo, se preferir) se comunica com você. Quando recorre à intuição para uma ajuda ou um insight, você está contatando sua parte espiritual em busca de sábia orientação. É por isso que eu me refiro a ela como "intuição divina".

A intuição se manifesta de diversas formas. Ela é transmitida a cada um de nós de diferentes maneiras. A seguir, temos alguns exemplos dos meios pelos quais a intuição se revela.

Voz interior. Muitas pessoas ouvem uma voz interior "tranqüila e serena". Sua intuição irá sempre se comunicar com você de forma terna e afetuosa, claramente diversa da agitação normal que ocorre em sua mente.

Sonhos. Você pode receber muitas orientações se aprender a prestar atenção nas dicas intuitivas de seus sonhos.

Emoções. Informações intuitivas sempre se manifestam por meio de seus sentimentos ou emoções. Você pode simplesmente "sentir que está agindo da forma correta" num determinado momento. Ou pode experimentar uma "sensação de desconfiança" acerca de uma pessoa ou situação.

Sensações físicas. Os japoneses chamam a intuição de "a sabedoria das entranhas". Nós nos referimos a tais sensações como "embrulho no estômago". Você pode sentir seu corpo pesado quando toma uma decisão errada. E pode sentir-se leve ou ter calafrios quando faz a escolha correta.

Compreensão instantânea. Você pode ter um *flash* de compreensão repentina. Isso às vezes é chamado de efeito "eureca".

Símbolos. Com freqüência, a intuição nos vem por meio de imagens simbólicas. Dizem que "uma imagem vale mais do que mil palavras". Você pode ter a visão simbólica de uma estrada cheia de pedregulhos se escolher o caminho "A". Escolhendo o caminho alternativo "B", você pode ver, com os olhos da mente, uma estrada desimpedida e bem pavimentada.

Coincidências e Sincronias. Já foi dito que a coincidência é a forma que Deus tem de permanecer anônimo. Quando você experimenta repetidamente essas sincronias, você percebe que sua intuição o está guiando para o caminho certo.

Embora fosse preferível que a intuição se manifestasse e dissesse, em voz alta e clara, "é isto que você deveria fazer", não é o que ocorre normalmente. A intuição tem sua própria linguagem, seus próprios códigos. Não há uma *forma correta* de perceber suas orientações. Enquanto você lê este livro, faz suas anotações em diário e testa os exercícios, seu estilo intuitivo pessoal irá se tornando cada vez mais claro e acessível para você. Eu espero que este livro se torne um companheiro constante em seu caminho pela vida, um amigo verdadeiro que deseja o melhor para você, que está sempre presente, orientando, ouvindo, encorajando — mostrando o caminho em direção às metas do seu coração, por meio do amor e da compreensão. Esse caminho mora dentro de você e sempre esteve aí. Este companheiro é seu guia intuitivo.

Exercício intuitivo: crie um santuário interior

Para começar este exercício, pense em algum assunto que esteja preocupando a sua vida neste momento. Pode ser uma questão sobre relacionamento, sobre escolha de carreira, sobre saúde ou algo relacionado ao seu desenvolvimento espiritual. Transforme esse problema em uma pergunta que exija mais do que um sim ou não como resposta. Por exemplo: "Qual é a melhor opção para a minha carreira agora?" "O que eu poderia fazer para melhorar minha saúde?" "Como eu poderia me comunicar mais efetivamente com meu chefe?"

Escolha um momento em que você não vá ser interrompido por meia hora. Talvez você queira escutar sua música de relaxamento favorita. Sente-se calmamente e feche os olhos. Concentre-se em sua respiração por alguns minutos. Sinta o ar entrando vagarosamente e então deixe que ele saia.

Visualize, com os olhos de sua mente, um lugar de que você goste, onde se sinta seguro e confortável. Pode ser próximo do mar, sob uma árvore em um lindo campo, à beira de um riacho murmurante ou em um local especial, real ou imaginário. Use a imaginação para fazê-lo parecer ainda mais atraente. Veja as cores se tornando mais fortes e vivas; ouça os sons ao redor e sinta a emoção que esse lugar extraordinário evoca.

Você está criando um santuário em sua mente, onde você pode ir para receber orientação intuitiva. Algumas pessoas sentem sua intuição vindo por meio de um sinal; outras a percebem por meio de palavras, imagens, uma sensação, algo físico ou um simples insight. Faça a pergunta que você formulou no início do exercício. Aguarde. Não se apresse e use todos os seus sentidos. O que você sentiu? Qual foi sua percepção? O que seu corpo transmitiu? O que você ouviu? O que você viu? O que você entendeu? Aceite as respostas do jeito que elas vierem. Não há um padrão estipulado, há somente a sua forma de recebê-las.

Quando estiver se sentindo pronto, abra os olhos e retorne ao estado de consciência normal.

Seu diário intuitivo

Cada capítulo de *Bússola da alma* é finalizado com perguntas que você deve formular a si mesmo. Elas foram desenvolvidas para ajudá-lo a entrar em contato com o seu guia interior — sua intuição. Compre uma linda agenda para anotar suas respostas, ou use a criatividade e decore a capa de um caderno espiral com fotos e imagens que sejam inspiradoras para você.

O que você aprendeu fazendo o exercício anterior?

Quais são as principais preocupações de sua vida no momento?

Você se considera uma pessoa intuitiva?

Quais são as principais vias pelas quais são transmitidas a você as orientações intuitivas?

À medida que você for aprofundando seu conhecimento sobre intuição e observando mais atentamente a sabedoria transmitida, poderá contar com ela como uma ferramenta eficaz que o ajudará a criar uma vida perfeita.

LIÇÃO 2

A felicidade começa dentro de você

Estou cada vez mais convencido de que nossa felicidade ou nossa infelicidade depende muito mais da forma como encaramos os acontecimentos da vida, do que da natureza desses acontecimentos.

— Wilhelm von Humboldt

Faz parte do aprendizado de acreditar na própria intuição, lembrar-se de perguntar: "Esta decisão me faz feliz?" Ou: "Será que eu me sinto com mais energia tomando esta decisão?" São muitas as formas de fazer a pergunta e de obter a resposta, mas um fato é certo: sua intuição proverá informações para que você faça escolhas corretas. Faria sentido ser enviado ao mundo com um magnífico sistema de direcionamento interior que o guiasse para o caminho errado? Improvável!

A raiz etimológica da palavra *entusiasmo* é o vocábulo grego *enthousiasmós* que significa literalmente "exaltação sob inspiração divina". Crendo em sua *intuição divina*, você passa a se sentir melhor. Sente-se até mesmo entusiasmado! Em geral, fazemos as perguntas erradas: "Por que isto acontece comigo?" "Por que eu não consigo ganhar mais dinheiro?" Sua intuição funciona melhor quando você focaliza o que realmente deseja, a direção que pretende seguir e seus objetivos. A pergunta a se fazer é: "O que faz com que eu me sinta mais leve, com mais energia, mais feliz?"

Quando eu dou informações intuitivas às pessoas, eu vejo suas escolhas e decisões como uma forma de energia. Quando você dá atenção e enfoca com muita freqüência o que você não quer, ou aquilo que o faz infeliz, sua energia esmorece. Você fica atraindo os mesmos velhos problemas — relacionamentos que não dão certo, falta de dinheiro, empregos errados — as mesmas antigas questões, o tempo todo.

É necessário um certo comprometimento para permanecer concentrado no que você realmente quer. É assim que eu vejo ocorrer nas sessões com meus clientes. Quando eles conseguem pensar de modo consistente em seus novos planos ou objetivos, visualizando, afirmando e sentindo-se entusiasmados acerca de seus intentos, começam a exibir uma nova energia. É como se eles estivessem enviando um novo sinal para o universo, dizendo: "Isto é o que eu quero. É nisto que vou me concentrar a partir de agora."

Vou deixar que os especialistas em física quântica ajudem você a entender como e por que esse processo funciona. Meu ponto de vista, como instrutora de intuição, é que isso ocorre porque o universo entende os sinais e tenta propiciar a você a circunstância perfeita para que ocorra o que você deseja.

Sua orientação interior está sempre guiando você para o que o faz feliz, saudável e cheio de vida. Ela fará tudo para que você fique bem ou contribuirá para a sua melhora, caso esteja doente. É dessa forma que a intuição o ajuda a seguir adiante. Quando você se sente mal constantemente, é como se a mensagem intuitiva fosse: "Cuidado, você precisa ficar atento aos seus pensamentos e ao rumo que está tomando." Quando você se sente feliz, determinado e cheio de alegria, sua intuição manda uma mensagem diferente. Ela diz: "Permaneça neste caminho e siga adiante. Acontecimentos bons estão fluindo em sua direção."

Cada um de nós nasceu com um "código de intuição". Sua parte racional é a que sabe de seus objetivos na vida e fornece um fluxo constante de informações para auxiliar você a fazer as escolhas certas a fim de alcançar esses objetivos. A intuição não requer concentração nem esforço. É apenas uma questão de estar receptivo, de forma descontraída e aberta. Você não precisa passar horas em meditação profunda para receber orientações sensatas. Apenas questione e depois "fique atento" à resposta.

Minha cliente Ângela tem um chefe difícil. Ela sempre é convocada para reunir-se com ele quando a situação está complicada. Antes de entrar em seu escritório, ela tenta se acalmar, fecha os olhos e pergunta: "O que é necessário para que tenhamos uma reunião proveitosa?" Ela se concentra em sua respiração e se aquieta. Entra em um estado que ela define como "modalidade receptora" e permite que as respostas se apresentem. Em instantes, uma resposta começa a se configurar em sua mente, por meio de imagens, palavras e sentimentos. É assim que a intuição *de Ângela* se manifesta. Habitue-se a se conectar com a *sua* intuição no decorrer do *seu* dia. Algumas vezes, você descobrirá a resposta inteiramente pronta em sua cabeça. Outras vezes, ela virá mais tarde, quando não houver mais pressão. Quanto mais você praticar, com mais facilidade as respostas virão.

Exercício intuitivo: prevendo o resultado perfeito

Quando estiver pretendendo fazer uma mudança de rumo em sua vida, tente a tarefa a seguir:

Pergunte a si mesmo: "Qual seria a melhor saída para esta situação?" Ou ainda mais simples: "O que eu realmente quero?"

Escreva um ou dois parágrafos relatando o que você quer. Não tente imaginar como poderia conseguir, pois isso é trabalho para a sua intuição. Feche os olhos. Pense rapidamente sobre a situação que está causando sua frustração.

Agora, pense na saída para essa situação. Passe alguns minutos visualizando o resultado perfeito, aquele que você gostaria de obter. Qual seria a sensação de conseguir aquilo que você deseja? Enquanto visualiza a imagem, experimente a sensação. Junte algumas palavras a essa fantasia. Quaisquer palavras ou expressões, como "que bom!" ou "eu sou o máximo!". Imagine sua família e seus amigos comemorando com você. Faça o que puder para que essa imagem se torne vívida e real.

Pergunte à sua intuição: "Há algo que eu possa fazer neste momento para que isso se torne realidade?" Espere uma resposta.

Abra os olhos quando estiver pronto.

Tome nota de qualquer idéia, pensamento ou sinal que você tenha.

Não aja com base simplesmente no que você *acha* que faz sentido. Aja somente a partir de estímulos prazerosos, que deixem você animado, ou que pareçam agradáveis. Sua intuição vai começar a reunir as circunstâncias de forma sincronizada para que você alcance seu objetivo.

Seu diário intuitivo

Faça o que recomendam os mestres de criatividade: tempestade de idéias. Comece se fazendo as perguntas a seguir e escreva toda e qualquer idéia que surja. Não censure nada.

"O que eu quero?" Ou, simplesmente, "o que me faz feliz?".

Não há respostas certas ou erradas. Fique atento a qualquer idéia intuitiva ou insight que venha à sua cabeça; qualquer sinal que diga respeito aos novos objetivos ou rumos de sua vida.

LIÇÃO 3

Perseguindo a sua felicidade

Eu sinto que quando alguém persegue o que eu chamo de felicidade pessoal — que é aquilo que realmente vem de dentro de você e que você pressente que é a sua vida — todas as portas se abrem. Elas se abrem mesmo!

— Joseph Campbell

O que você acha que é uma vida feliz? Veja o que eu gostaria de criar em *minha* vida:

Eu acordo cedo e vou dar uma longa caminhada em um bosque ou na praia. Volto, tomo um saudável café da manhã e vou para o meu lindo e bem arrumado escritório que tem uma maravilhosa vista para o jardim. Passo algumas horas no computador trabalhando em meus artigos, livros e palestras. Retorno algumas ligações telefônicas e combino um almoço com uma amiga. Passo a tarde falando com clientes e discutindo planos de expansão dos negócios com meu sócio. Tenho tempo para fazer uma elaborada refeição para a minha família e para cuidar do meu jardim depois do jantar. Não vejo a hora de viajar com meu marido na próxima semana para uma conferência onde falarei sobre espiritualidade e intuição.

Estou cercada pela minha família e por bons amigos e vizinhos. Sou saudável e minha vida espiritual está fortalecida e realizada. Eu gosto de promover jantares e tenho uma bela casa onde tenho prazer em receber meus amigos. Eu tenho o suficiente para possuir e decorar duas casas. Uma fica perto do mar, na costa oeste da Flórida, e a outra fica na Nova Inglaterra, em meio a um bosque. Sonho com uma viagem para a região de Provence, no sul da França, com meu marido, no mês que vem.

O jogo da vida fala sobre harmonia, sobre descobrir o que você gosta de fazer e presentear os outros fazendo isso. Fala sobre amar os outros e a você mesmo. Sobre trabalhar em algo que combine com você e lhe dê prazer. Sobre importar-se com aqueles que estão ao seu redor — seus companheiros de trabalho, seus filhos, seus pais e irmãos, seus amigos e as pessoas de sua comunidade. Viver uma vida feliz tem a ver com descobrir e ser verdadeiro com a voz interior que diz "Eu nasci para isto!" e também com a coragem para viver esta vida com alegria e paixão.

Muitos de meus clientes acreditam erroneamente que se guiando pela intuição terão todos os seus problemas resolvidos. Deixe-me esclarecer isso. É característico dos seres humanos ter altos e baixos. É normal sentir-se ansioso antes de um grande acontecimento e preocupado, ao ser demitido de um emprego. E você não seria humano se não ficasse triste com a morte de um ente querido. Estamos assim, de certa forma, aprendendo com as nossas emoções. Elas são parte de nossa espiritualidade e quando começamos a aceitá-las, inicia-se em nós o processo de cicatrização.

A intuição sempre o guiará para uma vida de harmonia, paz e compreensão. Quando você a respeita e acredita em sua orientação, sua vida se transforma. A intuição lhe indica um caminho a seguir, que lhe permite ir de onde você está para onde você gostaria de estar. Mas como você pode ter certeza de que está seguindo em direção à vida perfeita e não apenas indo atrás de ilusões?

Fácil. A intuição certa faz com que você se acalme. Ela envia informações de uma forma compadecida, amorosa, segura e clara. Você sabe quando a orientação que o induz para uma guinada na vida está vindo da parte mais profunda de sua alma. Eu pergunto às pessoas em minhas palestras como elas sabem que estão recebendo um "sim" do Universo. Aqui estão algumas respostas:

> "Eu sinto meu coração aberto."
>
> "Eu me sinto seguro."
>
> "Eu sinto um tremor, uma energia acelerada na espinha."
>
> "Eu simplesmente sei."
>
> "Eu recebo imagens espirituais durante a meditação — uma águia voando alto, uma lua brilhando, ou a visão de um lago sereno."
>
> "Eu tenho vontade de cantar!"
>
> "Eu me sinto cheio de alegria."
>
> "Eu sinto como se alguém estivesse me dando um abraço ou um tapinha nas costas."
>
> "Eu me sinto aliviada e com uma certeza absoluta de que o problema está resolvido."
>
> "Eu ouço uma música inspiradora. É como se ela viesse do céu."

À medida que você for seguindo adiante nestes capítulos, visualizando sua vida ideal, lembre-se destas descrições e comece a descobrir de que maneira o seu guia interior te envia os sinais. A arte de ouvir a intuição é inestimável. Quando você aprende a sintonizar, a pedir conselhos e orientações, é recompensado com um, sempre crescente, senso de clareza e objetividade, que permite a você seguir os desejos de seu coração. Ele nunca irá guiá-lo para a direção errada.

Exercício intuitivo: criando sua vida ideal

Sua intuição também sinaliza com a felicidade! Quando você está feliz com algo, ou se pega contente pensando sobre isso, a sua intuição está enviando a mensagem: "Faça isto mais vezes!"

Como é uma vida feliz para você?

Feche os olhos e imagine que você está vivendo essa vida. Coloque o máximo de sensações e emoções na criação dessa imagem. A habilidade para revelar sua vida ideal tem muito a ver com sua habilidade para sentir o fluxo de energia positiva e clara sobre o que você quer criar.

Não tente, neste momento, descobrir *como* você obterá a sua vida ideal. Enquanto pensa sobre ela, visualize, sinta, acredite que você está enviando uma energia vibrante para o Universo, que vai começar a atrair o que você quer.

Repare se surgem pensamentos ou sentimentos negativos enquanto você se imagina vivendo a vida dos seus sonhos. Isso, também, pode ser uma informação útil, vinda de sua intuição, indicando uma área de resistência a ser examinada.

Gaste algum tempo, todos os dias, fazendo este exercício e você verá que, rapidamente, o seu sonho será atraído para a sua vida.

Seu diário intuitivo

Com muita freqüência, nós enfocamos o que *não queremos*, em vez de pensar no que *queremos*. Em seu diário, comece a expandir a resposta à questão: "O que é uma vida ideal para mim?"

Você acha possível conquistar essa nova vida? Caso não ache, escreva algumas linhas dizendo o porquê e aponte os obstáculos em seu caminho.

Você está disposto a tentar? O que você poderia fazer para mudar de idéia e se abrir para a possibilidade de ter uma vida mais divertida e alegre?

Como saber se sua intuição está lhe dizendo "sim"?

Como saber se sua intuição está lhe dizendo "não"?

Quando você se abre para a possibilidade de uma nova vida — uma vida livre, divertida e expansiva —, sua intuição começa a enviar sinais, dicas e idéias que o ajudarão a caminhar na direção certa.

LIÇÃO 4

Atraia a prosperidade

Eu agora me abasteço, atraindo da abundância dos planetas meu estoque necessário e infinito. Todos os canais são acessíveis! Todas as portas estão abertas.

— Florence Scovel Shinn

O dinheiro (ou a falta dele) é um assunto bastante valorizado por muitas pessoas. Eu creio que dinheiro não é algo espiritual, nem não-espiritual, não é bom, nem mau. Passei a entender que o dinheiro é simplesmente energia, que você pode usar para transformar seus sonhos e esperanças em realidade física.

Algo que observei nestes meus vinte e tantos anos trabalhando com a intuição é que nós somos feitos de vibrações de alta freqüência. Somos criaturas vibrantes. Cada pensamento seu, cada sensação que você tem, regula um padrão vibracional específico no interior e ao redor de seu corpo. Suas emoções irradiam ondas vibratórias que parecem ser magneticamente carregadas. É como se você fosse um ímã ambulante. Você atrai ou evoca o que suas emoções estão transmitindo ou irradiando. Se você está sempre infeliz por causa de dinheiro, de sua vida amorosa, ou de sua saúde, você focaliza os sentimentos negativos, que têm uma certa freqüência vibracional e, conseqüentemente, atrai resultados negativos.

As pessoas, com freqüência, sentem-se desesperançadas frente ao desafio de produzir mais fartura. Minha cliente, Mary, disse outro dia: "Eu tentei afirmações, visualizações, orçamentos e fundos de investimento. Nada deu certo. Continuo sem dinheiro. Estou completamente desanimada." A energia vibracional que emana dos pensamentos e sentimentos de Mary é negativa. Seu carro vive dando problema, fazendo com que ela gaste muito dinheiro com ele. Seus investimentos não dão o retorno que ela espera. No último ano, ela foi preterida diversas vezes nas promoções (e aumentos). Ela parece não conseguir economizar dinheiro e vive preocupada com sua falta de competência para programar sua aposentadoria.

De modo inverso, quando você está feliz consigo mesmo e com as perspectivas que sua vida apresenta, você evoca situações positivas. O dinheiro aparece, as pessoas são atraídas até você e as sincronias começam a acontecer. Entenda, por favor, que eu não estou sugerindo que você faça uma cara de satisfeito, que pense positivamente, sorria e finja que tudo está maravilhoso quando não está. Falo sobre começar a focalizar as pequenas áreas de sua vida que realmente *dão certo* e que provam que você pode atrair fartura.

Exercício intuitivo: como você se sente em relação ao dinheiro?

Pense um pouco sobre a questão do dinheiro. Permita-se pensar em algo que você gostaria de comprar ou no estilo de vida que você teria caso tivesse mais dinheiro.

Pausa.

Como você se sente quando pensa sobre isso? Sente-se deprimido e sem esperanças ou a idéia o anima e faz com que se sinta cheio de energia e confiante?

Sua resposta é uma pista valiosa oferecida por sua intuição sobre suas crenças a respeito do dinheiro e da capacidade que tem de atrair o que deseja. Você teve algum sentimento negativo ou de desilusão quando estava pensando sobre dinheiro e sobre tudo aquilo que ele poderia trazer? Que idéias e crenças você tem sobre dinheiro que podem ter criado esse sentimento?

Seu diário intuitivo

Você tem o hábito de ficar se preocupando com dinheiro, de criar cenas em sua mente em que você é destituído de tudo e acaba ficando pobre? É hora de reverter esse ciclo e usar sua imaginação de forma mais positiva e produtiva!

> O que você faria se recebesse inesperadamente um milhão de dólares, com a condição de que gastasse tudo em um trabalho de que você gostasse?
>
> O que você faria se recebesse uma quantia tal que lhe permitisse fazer o que quisesse de sua vida sem nunca mais ter que se preocupar com dinheiro?

As respostas a essas perguntas são sinais claros sobre seus objetivos de vida, enviados por sua intuição. Considerando que esse dinheiro não está em sua vida neste momento, que passos você poderia dar para começar a viver a vida com a qual sonha?

LIÇÃO 5

Conquistando a verdadeira fartura

Não me deixe nunca esquecer o quão rica minha vida é
neste momento. Não me deixe, por favor,
esquecer que tudo o que tenho é tudo de que preciso.
Não me deixe, por favor, esquecer de agradecer.

— Sarah Ban Breathnach

Eu tenho um cliente chamado Bill que ganha quase 500 mil dólares por ano e está sempre sem dinheiro. Ele vive falando sobre como o dinheiro nunca é suficiente. Ele teme não ser capaz de seguir adiante. Suas contas estão sempre atrasadas. Os cheques que ele me passa sempre voltam, e recentemente ele recebeu um aviso de cobrança judicial enviado por seu banco.

Joanne é uma cliente que tem um fundo de aplicação de alguns milhões de dólares e uma renda anual de cerca de um milhão. Falei com ela ao telefone há pouco tempo, e ela mencionou ter finalizado uma reforma em sua casa no valor de 500 mil dólares e comprado uma Mercedes nova. E mais, tinha acabado de retornar de uma viagem de um mês no sul da França. Ela confessou sentir medo de acabar sem dinheiro. É difícil de imaginar, não é?

Na semana passada eu falei com Kathy, mãe solteira de duas crianças. Ela começou um pequeno negócio de flores há alguns anos. Queria ter seu próprio negócio a fim de poder determinar um tempo para ficar com as crianças. Ela ganha em torno de 40 mil dólares por ano, investe regularmente e faz uma pequena poupança. Ela disse: "Eu preferi pôr meu foco naquilo que eu tenho. Eu vejo a fartura ao meu redor. Eu sei que se há algo de que precisamos ou que queremos muito, encontramos um meio de consegui-lo."

Observando esses três perfis, qual você consideraria o mais próspero? Talvez a resposta mais óbvia seja Joanne, pois é ela quem tem mais dinheiro. Só que nem Joanne, nem Bill *sentem-se* prósperos. Eles vivem preocupados e atormentados com a possibilidade de ficar sem dinheiro. Eles gastam prodigamente e não acreditam em sua capacidade de viver uma vida tranqüila com o dinheiro que têm. Kathy, por sua vez, confia que sua bússola interior vai guiá-la na direção da abundância e isso realmente acontece. Ela seria a minha escolha acerca do mais próspero.

Veja o meu ponto de vista. Suas crenças e idéias sobre dinheiro (ou falta dele) têm a capacidade de atrair ou de repelir a verdadeira fartura. Imagine que seus pensamentos são como ímãs. O que você focaliza é atraído para você. Não importa se sua ansiedade em relação ao dinheiro está no nível do "será que eu consigo comprar comida para esta semana?" ou "será que conseguirei comprar a Mercedes nova que eu quero?".

O que é prosperidade? Você seria próspero se tivesse 500 mil dólares no banco? Você consideraria milionário alguém que tivesse cinco milhões? Será que o seu vizinho que dirige um carro luxuoso é fabulosamente rico? Você ficaria surpreso de saber que a grande maioria da população mundial considera que *você* é realmente rico, apenas pelo fato de possuir um teto sobre sua cabeça, roupas no corpo e comida na mesa. Então, por que você não se sente próspero?

A palavra *prosperidade* vem de uma palavra latina que significa "ter esperança, sucesso e boa sorte". Prosperidade não é uma quantidade específica de dinheiro. Ela compreende muito além. Recentemente, um colega definiu prosperidade da seguinte forma: "Saber que tenho dentro de mim e ao meu redor um divino fluxo de abundância. Quaisquer que sejam meus objetivos, desejos ou sonhos, eu tenho os meios, a capacidade e condições em minha vida para alcançá-los."

Saber criar uma vida próspera não implica que tudo o que você almeja irá se manifestar no mesmo instante. Há uma dualidade de existência que é um pouco difícil de controlar no início: 1) Você se sente agradecido por tudo o que tem. Você vê a fartura à sua volta e demonstra gratidão. 2) Você compreende também que está constantemente em crescimento; aprendendo e controlando seu mundo. É natural que você queira mais, que tenha novas metas, que tome outras direções.

Exercício intuitivo: gratidão financeira

Se você quer atrair mais prosperidade, experimente isto: comece focando em "gratidão financeira".

Quando sentir que está ficando ansioso em relação a dinheiro, ou se lamuriando sobre sua falta de recursos financeiros, PARE. Transfira seu foco de atenção para tudo o que você já tem. Se você for realmente muito pobre e estiver há tempos preocupado com sua falta de dinheiro, esta tarefa pode ser difícil. Mas é importante começar.

Aqui estão três itens presentes em meu diário de gratidão financeira:

- Sinto-me abençoado por meu vizinho ter uma bela piscina que eu posso utilizar. Eu pude relaxar uma boa meia hora depois de um dia inteiro escrevendo. Eu não tenho que ter uma piscina, nem pagar por sua manutenção, mas aproveito muitos de seus benefícios.
- Eu adoro estar com minha amiga Gail, que de forma cortês paga nossos almoços. Eu valorizo sua amizade.
- Eu estava prestes a contratar um serviço de duplicação de fitas de áudio quando um colega enviou-me um e-mail sobre a empresa que ele utiliza para esse serviço. Ela oferece o mesmo serviço cerca de trinta por cento por cento mais barato do que a que eu costumo usar.

Quando você estiver se sentindo receoso ou ansioso, comece a focalizar com insistência tudo o que você já tem. Podem ser os amigos, sua saúde, seus filhos maravilhosos, um trabalho interessante, os vizinhos extraordinários. Encontre qualquer fato para pensar que faça com que você se sinta bem. Afaste, delicadamente, sua atenção de seus medos e ansiedades.

Quando sua mente já estiver sossegada, transfira sua atenção para o que você gostaria de criar em sua vida. Você verá que, passando a agir dessa forma com freqüência, sua intuição começará a indicar os pensamentos, as crenças e as ações para você atrair o que deseja.

Seu diário intuitivo

Em seu livro *Simplicidade e plenitude*, Sarah Ban Breathnach escreve que um diário de gratidão é um "recado educado e cotidiano de agradecimento ao Universo".

Veja algumas questões para o seu diário *intuitivo* de gratidão:

1. Você quer fartura de que em sua vida? (Saúde, amigos, prosperidade, clientes, amor?)
2. Gaste alguns minutos, todos os dias, e escreva de que forma você adquiriu o que queria. O que merece o seu agradecimento?

Assim que parar de se concentrar na escassez e começar a se concentrar na gratidão, você verá que sua disposição irá aumentar. As oportunidades começarão a surgir em sua vida, onde antes nada parecia existir. Focalizar na gratidão amplia sua receptividade para a abundância e a sorte e permite que as coisas boas aconteçam logo.

LIÇÃO 6

O poder do seu lado sábio

A paciência é a porta de entrada para a fé. Se entrar por essa porta, saiba que você, seus sonhos e o Universo, apesar de estarem movendo-se rumo ao alinhamento, ainda não estão alinhados. Mas anime-se quando chegar a esse ponto, pois isso significará que você está fazendo a sua parte da melhor maneira possível e que seu milagre está perto de acontecer.

— Sonia Choquette

Você já passou por algum período na vida em que *absolutamente nada* parecia acontecer? Não importava o que você fizesse (ou deixasse de fazer), nada acontecia ou mudava. Tudo continuava na mesma. Eu já reparei que a maioria dos meus clientes não gosta desse período de transição, dessas pausas na vida. Eles se sentem constrangidos. "Eu rezo, converso com meus amigos. Eu medito. Eu leio livros de auto-ajuda. Eu ajo. Eu fico paralisado. Nada acontece!"

Eu tenho outra visão sobre o assunto. Quando sintonizo a alma dessas pessoas e pergunto como posso ajudar, eu ouço: "Diga-lhes que muita coisa está acontecendo no outro plano. Elas estão sendo preparadas para o próximo passo. Diga-lhes para serem pacientes, para aguardarem, para terem fé e para procurarem por pequenas alegrias em suas vidas presentes. Em breve, sairão dessa fase de hibernação."

Eu sempre dou um exemplo simbólico que representa esse estado de transição. Eu peço que eles imaginem bulbos, que são plantados no chão gelado do outono e que se transformam em lindas flores na primavera. O que eu apreendo dessa imagem é que existe uma sabedoria divina e que há um ritmo para tudo. No outono e no inverno, aqueles bulbos estão sendo trabalhados sob a terra. Eles não estão visíveis e, ainda assim, estão experimentando as condições ideais para seu crescimento. Por acaso, os bulbos ficam inquietos e lamurientos, reclamando para quem quiser ouvir que "nada está acontecendo!", "que precisam *fazer* algo!"? Não. Eles esperam e sabem que, no momento certo, a terra irá aquecer, o sol irá brilhar na intensidade ideal, as chuvas virão e eles poderão cumprir seu destino para a alegria e deslumbre daqueles que os virem.

Aprenda a apreciar as fases de calmaria em sua vida. Gaste tempo com você ou com seus amigos mais queridos. Leia, faça caminhadas, observe a natureza, escreva em seu diário, reze, medite, cuide de você e ouça a sua sabedoria interior. Você pode não saber como será a fase seguinte de sua vida, mas ela virá. Fique agradecido por seu descanso. Você é parte do fluxo de sabedoria de Deus, mesmo que pareça estar parado.

Exercício intuitivo: pergunte ao seu professor

Mantenha uma caneta, um bloco ou seu diário intuitivo prontos para este exercício. Se quiser, ponha para tocar sua música de meditação favorita. Feche os olhos, respire fundo algumas vezes e diga a palavra: *relaxe*. Sinta seu ritmo diminuir.

Pausa.

Imagine que você está flutuando e subindo em direção a um local bonito, tranqüilo e seguro em pleno cosmo. Você está indo a esse lugar para adquirir uma sabedoria superior. Muitas pessoas sentem esse local, embora não tenham uma imagem específica de como ele é. Outros imaginam ser ele uma catedral ou igreja ou um jardim iluminado. Você pode imaginá-lo da forma que mais lhe agradar. Ele é um lugar sagrado onde você poderá ir a qualquer hora, mas sobretudo quando estiver sentindo-se paralisado ou em crise. Lá existe o amor profundo. Você se sentirá imediatamente envolto em proteção e cuidados que nunca experimentou. Veja ou sinta as ondas de luz e energia ao seu redor. Há sabedoria e conforto nesse lugar para auxiliá-lo no que você precisar.

Pausa.

Imagine que você está diante de um grupo de professores sábios, que estão ali para lhe orientar. Eles estão ao seu redor enviando amor até você. Fale com eles e conte-lhes suas preocupações. Eles irão conversar com você e você irá sentir as respostas surgindo em sua mente. Diga a si mesmo: "Agora estou me abrindo para receber as informações de que preciso." Continue a conversa enquanto estiver recebendo instruções úteis. Pergunte a eles o que você irá aprender com essa fase de transição pela qual está passando. Pergunte se há algo que você deva fazer. Peça que o ajudem a ter paciência, fé e força durante esse período. Há algo mais que queiram lhe dizer?

Quando estiver sentindo-se pleno, respire fundo mais algumas vezes e retorne vagarosamente ao estado natural de consciência. Escreva as respostas e impressões que conseguiu obter.

Muitas pessoas se preocupam, achando que elas mesmas estão elaborando as respostas. Outras questionam se a informação vem de sua intuição, de um guia espiritual ou de um anjo. Minha resposta é que, caso a informação possa ajudar e se você se sintir melhor depois de recebê-la, a origem de sua fonte tem pouca importância.

Seu diário intuitivo

Esses momentos de transição acontecem com todos nós. Se você é uma pessoa de metas, impaciente e compulsiva, essas fases de aparente calma podem ser excepcionalmente difíceis. É duro acreditar que um novo capítulo se iniciará em sua vida. Para conhecer um pouco sobre seu "estilo de transição", observe suas respostas às seguintes perguntas:

> Que vantagens você está tirando de uma fase de transição ou fase de calmaria em sua vida?
>
> Do que você gosta nessa transição?
>
> Do que você não gosta?
>
> O que você diz a si mesmo sobre como deveria ser ou agir?
>
> O que você poderia fazer para se animar ou estimular durante essa fase?

Mudanças de emprego, doenças, divórcio, perdas financeiras, morte de pessoas queridas, estão sempre no topo das listas de momentos de maior estresse na vida. Se você está vivendo uma ou mais dessas experiências, saiba que o ponto de retorno da crise em geral não acontece tão rápido quanto você gostaria. A melhor pergunta a se fazer nesses momentos é: "Como poderei atravessar esta fase de minha vida com auto-estima, amor e paciência?" Preste atenção a qualquer resposta de sua sabedoria interior e aja de acordo com a orientação que receber.

LIÇÃO 7

A ajuda está bem perto

O espírito nos dota de intuição, que é o sentido subliminar, para que possamos manobrar com segurança no tumulto da vida real.

— Sarah Ban Breathnach

Você já passou por alguma fase na vida tão terrível que um acontecimento ruim sucedia o outro? Você provavelmente sentiu-se preso em uma armadilha e temeu não conseguir encontrar o caminho de volta à sua vida "normal". É como se você se encontrasse em uma floresta, sem saber que caminho o conduziria para mais longe na mata e qual iria conduzi-lo a um lugar seguro. Talvez você tenha sonhado com alguma espécie de trilha que pudesse conduzi-lo até em casa.

A orientação intuitiva pode agir como um guia em sua vida e mostrar-lhe o caminho para um lugar seguro. Ela pode conduzi-lo para a paz, a harmonia e o equilíbrio, que são seus por direito. Mas como despertar sua intuição se sua mente está vivendo com medo e ansiedade? Muitas pessoas contam que quando estão passando por alguma crise grave, fica mais difícil acessar a intuição. Elas acham que seu sistema de orientação as abandonou. O estresse que você está vivendo só requer uma abordagem diferente. Aqui estão cinco sugestões que funcionam:

Mude sua perspectiva. Não é hora de ficar prevendo catástrofes para o seu futuro. Faça uma tentativa consciente de parar de enfocar qualquer idéia pessimista. Elabore um plano de ação de curto prazo para esse momento. Experimente os seguintes pensamentos: "Eu sei que vou superar isto." "O que posso fazer hoje para tornar as coisas mais fáceis?" "Estou aberto e receptivo a novas idéias para melhorar minha situação." "Eu já passei por momentos difíceis antes." "Algo de bom restará disso tudo."

Focalize os fatos. Durante tempos de crise, parece que tudo dá errado, mas isso raramente é verdade. Focalizar sempre o lado ruim só piora uma situação que já é difícil. Fique atento ao que está dando certo. Quem sabe um amigo ligou para animá-lo ou seu filho saiu para a escola de manhã sem fazer birra ou você teve um almoço bastante agradável com um colega. Encontre esses pedacinhos de consideração em cada dia.

Seja bom para você. A maioria das crises tem um limite próprio. Isto é, não duram para sempre; elas só *parecem* durar para sempre quando você está em meio a elas. Uma forma de fazer com que as crises sejam mais fáceis de superar e de se abrir para a orientação durante o processo, é tirar alguns momentos no dia para realizar algo que o faça sentir-se bem. Você pode reservar cinco minutos para ficar deitado na grama do seu quintal, brincar com seu gato, deliciar-se com uma xícara de chá ou colocar uma música bem agitada em seu aparelho de som e sacudir o esqueleto.

Definir metas de curto prazo. Nada restaura mais rapidamente a sua confiança do que alcançar uma meta. Esse não é o momento para tentar resolver grandes problemas ou alcançar objetivos demorados e complicados. Quais são as pequenas coisas que você pode fazer todos os dias para sentir-se melhor? Faça uma breve lista de tarefas possíveis de serem colocadas em prática que ajudariam a reduzir o seu estresse. Aqui estão cinco, de uma lista que eu fiz durante um período recente de estresse: peça comida fora pelo menos uma vez na semana; faça exercícios de alongamento durante cinco minutos todos os dias; deixe que a secretária eletrônica atenda aos telefonemas à noite; veja um filme divertido por semana; faça uma sessão de massagem (e você pensava que metas tinham que ser desagradáveis!).

Exercício intuitivo: do que você gosta?

É difícil que sua orientação intuitiva flua quando você está cheio de medos e de ansiedade. É como se os pensamentos ruins criassem uma energia negativa à sua volta e rejeitassem até a mais corajosa tentativa de comunicação feita por sua sabedoria interior.

Pense nisto: você já tentou dar apoio emocional a uma amiga que não lhe pareceu receptiva? Ela disse coisas como: "Eu nunca vou melhorar. Nada dá certo para mim. As coisas vão de mal a pior. Não tem jeito." Qualquer palavra compreensiva dita por você naquela hora não era ouvida.

Se você achar que está agindo como sua amiga, leia as linhas a seguir com bastante atenção.

> Sua situação não está causando o seu mal-estar.
>
> O seu mal-estar está sendo causado pelo que você está dizendo a si mesma acerca de sua situação.
>
> Seus sentimentos ruins contribuem para gerar e piorar a situação negativa em que você se encontra.
>
> Você precisa interromper imediatamente esse ciclo, passando a se concentrar naquilo que você aprecia na atual circunstância que está vivendo ou tudo ficará ainda pior.

É uma tarefa árdua, eu sei, mas há uma técnica que eu gostaria que você testasse caso esteja numa espiral descendente de negatividade. Toda manhã, antes de sair da cama, eu quero que você pense em algo que faça parte de sua vida neste momento e de que você goste. Pode ser algo bem pequeno ou muito importante. Pode ser algo simples como o fato de possuir uma cama para dormir ou ter um cachorro que gosta de você. Pode ser algo maior, como o fato de você ainda ter um emprego ou de estar razoavelmente saudável. Não importa a escolha, limite-se a pensar em algo bom todos os dias.

E aqui está o exercício:

Quando você começar a focalizar o que *não quer* — por exemplo, a falta de dinheiro, sua saúde frágil, suas preocupações com os filhos ou com o parceiro — pare.

Conduza seus pensamentos até o que você gosta e aguarde seu humor se alterar; faça, então, algo que o distraia. Na realidade, você está tentando modificar a freqüência do sinal NEGATIVO para o POSITIVO.

Sua incumbência é melhorar o seu astral, sentir-se melhor. A partir desse ponto, poderá sentir-se mais esperançoso e começar, de novo, a receber mensagens de sua intuição, que você pode ter bloqueado anteriormente. Você está interrompendo uma seqüência de pensamentos e de energia vibratória que não lhe interessam. Não é como quebrar qualquer outro hábito. Requer paciência e perseverança, antes que o ciclo se automatize. Se você praticar esta técnica diligentemente, sua vida irá se transformando aos poucos de um modo extraordinariamente poderoso.

Seu diário intuitivo

Você já sentiu alguma vez que seus pensamentos estão ficando irremediavelmente fora de controle em meio a uma crise? Você já se pegou imaginando acontecimentos catastróficos e visualizando cenários desastrosos? Quando estamos vivendo uma situação de emergência é muito difícil encontrar um lugar de paz em nosso interior. Veja agora uma técnica que poderá ajudá-lo. Escreva todas as manhãs em seu diário a resposta para a seguinte pergunta:

> Qual é sua maior gratidão na vida hoje?

Transforme isso num hábito. Sempre que estiver sentindo-se oprimido ou chateado, mude seu foco para este "pensamento de gratidão". Ele pode agir como uma âncora quando você começar a sentir os pensamentos fora de controle. Em vez de insistir em uma lista interminável de coisas que não estão dando certo, dê ênfase ao que *está dando certo*. Respire fundo, diminua o ritmo e sintonize sua mente e sua imaginação na gratidão. Você vai gostar!

LIÇÃO 8

A jornada espiritual

Alguém pode não aceitar se rebaixar
quando sente o impulso de se elevar.

— Helen Keller

Eu sou uma das piores meditadoras do mundo. Entretanto, todos os livros sobre espiritualidade que eu já li, destacam a importância da meditação. Descobri que eu fico muito ansiosa quando tento ficar parada, aquietando meus pensamentos e controlando minha respiração, mas eu entendo a necessidade absoluta de fazer isso.

Creio que a meditação conecta você com o divino e permite que a energia, que é Deus, flua através de você. Ela o purifica, libera a sua negatividade e o energiza. Eu acredito que essa energia também possua a sabedoria da intuição e liberá-la lhe possibilita encontrar uma nova inspiração e um novo rumo nos muitos caminhos da vida.

Vejamos aqui algumas formas de encontrar a paz por meio da meditação. Permita-se sentar em silêncio para uma rápida meditação. Muitos instrutores recomendam um mínimo de vinte minutos. No entanto, eu descobri que começar com a expectativa de ficar sentado por esse período determinado de tempo pode levar a experiência ao fracasso. Em vez disso, diga para si mesmo: "Eu vou meditar por cinco minutos." Concentre-se em ficar parado e estar na presença de Deus. Você verá que acabará meditando por quinze ou vinte minutos. Você poderá sentir-se em um "espaço sem tempo".

Como você deve "estar na presença de Deus"? Apenas "estando". Acalme sua mente o mais que puder e peça à sabedoria divina para se fazer presente. Não importa como você veja ou entenda Deus. Você pode imaginar um lindo anjo, um sussurro em seu ouvido, um sentimento de felicidade ou uma sabedoria interior. Algumas pessoas pressentem algo que elas identificam como um mensageiro de Deus. Elas dizem que sentem a presença de Jesus, de Maomé, de Moisés, de Maria ou de outro mestre espiritual ou mentor espiritual mais próximo. Não há uma forma *certa* para viver essa experiência. Sua conexão com a sabedoria divina só diz respeito a você.

Tente ouvir música. Pode ajudá-lo na concentração. Eu tenho um aparelho de CD portátil com fones de ouvido, com o qual eu escuto músicas tranqüilas e edificantes. Isso quase sempre me induz a um estado de espírito mais aberto e especial.

Eu sempre peço que Deus ou meus conselheiros apareçam fazendo alarde e anunciem: "Estou aqui. Tenho as respostas para todas as suas perguntas!" No entanto, eu aprendi que a verdadeira indução interior é sutil. Eles vêm devagar e sussurram do fundo de minha alma. É por isso que, apesar da minha resistência, eu encontro tempo para meditar. Eu encontro tempo para ficar parada, para me interiorizar e escutar.

Exercício intuitivo: Ande. Escreva. Dance!

Experimente formas diferentes de meditação para descobrir o que funciona melhor para você.

Algumas opções:

Tente meditar caminhando. Pode ser de grande ajuda se você estiver muito aborrecido ou agitado em razão de algum problema. Prefira lugares em que você possa caminhar sossegado e sem interrupções — um bosque ou outro ambiente na natureza. Acalme-se focalizando o momento. Use todos os seus sentidos; observe com atenção tudo ao seu redor. Repare a fragrância no ar, o som dos pássaros, a brisa em sua pele. Entre em sintonia com o que você está sentindo. À medida que for se acalmando, pense sobre o que tem perturbado sua paz de espírito. Transforme esse problema em uma pergunta e, enquanto caminha, tente captar a resposta.

Escreva em seu diário. Escrever é sempre uma forma maravilhosa de meditação. Não se preocupe em corrigir a grafia ou os erros de gramática. Seu objetivo é somente se liberar por meio das palavras. Se desejar receber orientação acerca de algum assunto específico, tente isto: dedique um bom tempo, cerca de meia hora e peça respostas à sua intuição. Eu penso que é útil escrever perguntas não terminadas, tais como: "O que devo fazer com ______?" "Como devo agir em relação a ______?" Não tente censurar suas respostas. Somente escreva o que estiver sentindo ou o que vier à cabeça. Ao terminar, ou mais tarde nesse mesmo dia, leia as respostas e avalie o que você liberou.

Dance com vontade. Se você é um eterno inquieto como eu e considera difícil ficar sentado para meditar, tente o oposto: dance! Sigo essa orientação sempre que estou diante de um grande obstáculo. Começar um novo livro, fazer palestra em algum lugar diferente ou aparecer em um programa de televisão são exemplos de situações que me deixam mais do que *um pouco* ansiosa. Eu já tentei sentar, meditar e visualizar o resultado perfeito para tais contextos, mas acho difícil me concentrar. Por isso, coloco uma música bem animada no meu aparelho de som, fecho os olhos e danço. Se precisar de coragem, coloque *I Will Survive*, da Gloria Gaynor. Se estiver precisando de um empurrão para mudar de vida, coloque *New Attitude*, de Patty LaBelle. Se quiser calma e interiorização para conseguir orientação, tente uma das fitas de áudio de Sanaya Roman, disponíveis no site www.orindaben.com. Procure uma música que o inspire. Garanto que você não encontrará esta dica em nenhum retiro de meditação. Mas, quem sabe, pode funcionar!

Seu diário intuitivo

Escreva as perguntas que você gostaria de fazer ao seu "conselheiro espiritual" (também conhecido como sua intuição!). Faça, por exemplo, uma declaração acerca do que você quer e, depois, formule uma pergunta. Veja algumas idéias:

> "Eu gostaria de ganhar mais. O que posso fazer para que isso aconteça?"
>
> "Eu gostaria de me relacionar melhor com a minha irmã. Como devo abordar o assunto?"

"Eu quero ter um trabalho mais prazeroso, mais rentável, mais empolgante. Quais seriam as opções ideais para mim?"

"Eu gostaria de melhorar minha habilidade para ouvir minha intuição. Que providências devo tomar?"

Faça essas perguntas enquanto tenta uma das formas de meditação descritas antes. As respostas podem vir mais facilmente do que se você estivesse fazendo a meditação tradicional. Escreva as respostas em seu diário e coloque em prática as informações que recebeu. De tempos em tempos, dê uma olhada nas respostas e veja como a inteligência intuitiva que brotou conduziu seus pensamentos para novas direções. Você sentirá uma agradável surpresa!

LIÇÃO 9

Aceite o amor

Aceitar o trabalho de colaboradores de Deus significa procurar constantemente, dentro de nós, uma capacidade maior para amar e perdoar. Fazemos isso por meio de uma "lembrança seletiva", uma decisão consciente de lembrar somente os pensamentos afetuosos e esquecer quaisquer outros assustadores.

— Marianne Williamson

Hoje aconteceu algo engraçado. Eu estava dirigindo de volta para casa em uma estrada estreita. Um motorista extremamente vagaroso estava na minha frente. Meu pensamento estava na lista de clientes a quem eu deveria retornar ligações, nos e-mails aos quais tinha que responder, no que eu iria fazer para o jantar — você sabe como é isso. Eu estava ficando cada vez mais irritada com aquele motorista. Imaginava toda sorte de coisas ruins sobre ele. Só poderia estar naquela lentidão de propósito e não se importava nem um pouco com a longa fila de carros atrás dele. Quem ele pensava que era, afinal?!

O tráfego da pista ao lado diminuiu e eu, enfim, pude acelerar e ultrapassá-lo. Virei-me para dar uma olhada no idiota que estava empacando o trânsito e fiquei surpresa ao ver meu vizinho de porta, um velhinho, acenando e sorrindo para mim. Sorri encabulada, fiz um leve aceno e cheguei em casa cerca de um minuto antes dele, sentindo-me muito arrependida.

Naquela tarde, parei para pensar um pouco sobre como julgo as pessoas. Eu não gosto de me ver fazendo isso e noto que faço quase automaticamente. "Ela não devia pintar o cabelo daquela cor." "A calça daquele sujeito está com a bainha muito curta." "Eu queria que aquela vizinha cortasse a grama com mais freqüência." Quando começo a ficar muito crítica, sinto-me negativa e vazia. Tudo começa a me irritar com muita facilidade. Sei que quando fico assim é hora de pedir orientação, para ser capaz de me desviar desses pensamentos.

Resolvi fazer uma experiência. Quando visse uma pessoa sobre a qual eu estivesse pronta a fazer um julgamento negativo, desviaria meu foco. Agora eu pergunto: "O que eu gosto ou admiro naquela pessoa?" A mulher que tinha o cabelo de cor horrível, usava uma roupa maravilhosa. O sujeito com as calças curtas, tinha um sorriso de vencedor e a vizinha que era descuidada com o gramado, fazia uns biscoitos divinos.

Quando você insiste em se prender a sentimentos de raiva, ódio e traição, é você quem sai perdendo e não a outra pessoa. Esses fortes sentimentos negativos são sinais de sua intuição de que você está precisando se harmonizar. Quando perceber isso, sente-se para rezar ou meditar e peça por uma orientação que o conduza ao amor e ao perdão. Seus pensamentos irão, inevitavelmente, mudar de rumo e você começará a ver a situação por uma perspectiva nova e diferente — mais pacífica.

Eu acredito que estamos aqui na Terra para reverenciar a vida, para aprender a agradecer, a cuidar e a amar. A autora e sacerdotisa, Mary Manin Morrissey, escreveu: "no fim, o que realmente importa é o amor que você dá, o amor que você recebe e o amor que você deixa... Precisamos aprender as três palavras que concentram tudo: primeiro, o amor." Se você deixar, a intuição sempre o guiará para o amor.

Exercício intuitivo: escolha a paz

Pense em uma situação recente que o tenha deixado aborrecido, irritado ou crítico. Escreva sobre ela no diário.

Sente-se calmamente e permita-se conectar com Deus. Sinta a Sua presença amorosa preenchendo tudo e cercando você.

Pense na situação que você descreveu. Peça que seu guia interior lhe ensine um modo mais amoroso para lidar com ela.

Você poderá sentir uma simples mudança de percepção ou uma sensação de paz. Pode ser que surjam palavras em sua mente indicando uma nova forma de pensar sobre a situação. Você também pode se dar conta de que nada aconteceu, mas, nos próximos dias, ou horas, você receberá alguma luz a respeito do problema.

Seu diário intuitivo

Sentir raiva ou ódio de alguém ou de algo é uma forma de drenar suas emoções e seu espírito. Pensamentos recorrentes, tais como "meus pais fizeram tal coisa comigo" ou "se ao menos ele mudasse eu poderia ser feliz", colocam você na posição de vítima. Você tem uma escolha a fazer em relação a sua felicidade. A quantidade de energia que você gasta pensando sobre a questão e o forte sentimento que você experimenta, impedem, com freqüência, a comunicação amorosa de sua sabedoria interior no momento em que você mais precisa dela.

Você mantém algum ressentimento ou rancor por alguém ou por alguma situação?

Descreva resumidamente a situação em seu diário.

Responda rapidamente a esta pergunta, mas não pense muito: em uma escala de 1 a 10, quanta energia a situação mal resolvida toma de você?

Você está disposto a ficar em paz com essa pessoa ou situação?

Se a resposta for SIM, encontre um lugar calmo, conecte-se com seu guia e, durante alguns minutos, escreva sua resposta à pergunta: "Como posso me sentir em paz em relação a esta situação?" Não faça nenhuma alteração: ponha tudo o que passar pela sua cabeça e pelo seu coração no papel.

Quando terminar, leia o que escreveu. Que curso de ação você deve tomar? Faça um resumo de duas ou três linhas.

A pessoa mais prejudicada pela raiva ou por outro sentimento forte não é aquela a quem esse sentimento é direcionado — é a pessoa que está experimentando o sentimento. Caso tenha se reconhecido neste exercício como aquele que tem o "hábito de ser a vítima", vale a pena o esforço de tentar quebrar o padrão crônico de pensamento que o está deixando infeliz.

LIÇÃO 10

Você em primeiro lugar

Quando estou acreditando e sendo eu mesma tanto quanto me é possível, tudo em minha vida começa a entrar nos eixos, refletindo esse sentimento de forma milagrosa.

— Shakti Gawain

Você tem um sonho — uma vida maravilhosa e idílica que deseja viver? Para uns, ele pode ser uma montanha de dinheiro para gastar livremente. Viajar pelo mundo, comer em restaurantes sofisticados e só vestir roupas da moda. Para outros, o sonho pode ser o de viver uma vida simples no campo, cercados por uma perfeita comunidade de amigos e familiares. Talvez você admire alguém que tenha o emprego que considera perfeito ou que você imagina ter o estilo de vida que gostaria de ter. Quando sonha acordado, você está recebendo mensagens de sua alma. Esses devaneios são informações sobre seus propósitos na vida e sobre sua missão.

Desde criança eu sonho acordada com a possibilidade de falar para um auditório cheio de gente, de escrever livros e de ser entrevistada na televisão. Tudo isso parecia um pouco ridículo quando eu tinha vinte e poucos anos e empregos mal remunerados. O fundo do poço foi um trabalho, em uma loja de departamentos, dobrando e organizando lingeries femininas após uma frenética liquidação. Foi difícil, naquela época, me manter aferrada aos meus sonhos. Eu me lembro de pensar que, em algum momento no futuro, eu iria olhar para trás, recordar aquele período da vida e dar boas gargalhadas.

Muitos desistem de seus sonhos, imaginando-os inúteis e impraticáveis. Às vezes, quando passamos anos negando a possibilidade de nossos sonhos se tornarem realidade, fica difícil até mesmo saber ao certo quais eram esses sonhos. Eu gostaria de fazer com que você se permitisse sonhar novamente. Fique atento ao se pegar pensando "eu gostaria de poder...", ou "eu espero que um dia eu possa...". Seus devaneios também podem vir na forma de imagens. Quando você tem alguns momentos de sossego, sobre o que você se pega fantasiando?

Todas essas informações provêm da sua intuição. Muitos de meus clientes reclamam de que a intuição deles parou de se comunicar. É verdade que se você ignorar a orientação interior por um tempo longo demais, as mensagens parecerão menos freqüentes e mais confusas. Pode até dar a impressão de que desapareceram.

Você já teve alguma amiga que estivesse passando por uma fase difícil? Você provavelmente a escutou com paciência, a advertiu e lhe deu muitos conselhos sábios. Então, ela ignorou seu empenho e fez coisas que complicaram ainda mais a vida dela. Você não quer continuar lhe dando conselhos até que ela esteja aberta para recebê-los, não é verdade? Com a intuição acontece o mesmo. Ela lembrará a você que está disponível por meio dos sonhos. Então, esperará até que você esteja pronto, antes de enviar mais informações sobre como fazer com que seus devaneios se tornem realidade.

Uma cliente, com quem conversei há muitos anos, vivia às voltas com um conflito. Como viver uma vida simples, sendo sócia de uma firma de advocacia altamente competitiva como a que ela trabalhava? Seus sonhos eram plenos de imagens de veleiros, em meio ao mar e à paz. Em vez de prestar atenção a eles, ela trabalhava cada vez mais, para ganhar ainda mais dinheiro. Ela temia ter de abrir mão de sua carreira estimulante e lucrativa em prol da serenidade que almejava.

Falei com ela há pouco tempo. Ela ficou doente e teve que parar por um período. Durante as semanas de recuperação, estirada na cama, começou novamente a prestar atenção a seus sonhos e a se perguntar "como é que eu posso?", em vez de "por que eu não posso?". Quando terminou sua convalescença, ela transferiu-se para outro estado — perto do mar — e comprou um "barco-casa". É nele onde ela mora hoje e o descreve como um oásis de sanidade em sua vida agitada de advogada. Ela conseguiu criar o melhor dos mundos.

Exercício intuitivo: a força dos seus devaneios

Comece a prestar atenção quando sonha acordado. Veja esses devaneios como avisos vindos de sua alma, informando a você que direção tomar para conseguir mais paz e felicidade em sua vida. Pegue uma xícara de chá, feche os olhos e comece a relembrar o passado, permitindo que ele lhe indique o seu futuro. Veja a seguir como você pode iniciar esse processo:

> Pense em quando você era criança. Você se lembra do que queria ser quando crescesse?
>
> Quais eram suas matérias prediletas na escola?
>
> Você ainda se interessa por elas hoje? Caso sim, como você poderia começar a se envolver com esses assuntos em sua vida atual?
>
> O que você considerava um "dia legal" quando era criança? Talvez fosse aquele em que você ganhasse uma caixa de lápis de cera enorme e a autorização para desenhar o dia inteiro ou para mexer nas plantas com sua mãe ou para construir uma grande torre de blocos Lego.
>
> O que você considera um "dia legal" como adulto? (Quem disse que somente crianças podem se divertir?)
>
> Quais foram as carreiras de que você eventualmente abriu mão? Há alguma que você gostaria de repensar?
>
> Se você tivesse todo o dinheiro de que precisasse, como seria o seu dia, a sua semana, o seu mês ou o ano perfeito?

Pense em cinco coisas que você gostaria de fazer antes de morrer.

Quando você vê essa lista, o que salta aos olhos? Há alguma resposta que surpreenda você? Para qual delas você está pronto (e animado) para começar a agir? E aqui vai a pergunta principal: você já está se divertindo?

Seu diário intuitivo

Talvez você nem saiba que sonha acordado, mas todo mundo sonha! Comece a reparar o que você focaliza quando está em meio a um devaneio e rascunhe algumas notas sobre seus planos.

Com o que você sonha acordado?
Que passos você teria que dar para que esses sonhos começassem a acontecer?

Devaneios são dicas importantes acerca de algo que pode estar sendo perdido. Você está preparado para fazer o que em sua vida? Seus sonhos o levam para alguma bela ilha, longe das demandas de seu trabalho? Talvez esteja na hora de uma rápida (ou prolongada) parada. Seus pensamentos fluem para algo que contenha mais ação, como escalar montanhas, saltar de pára-quedas ou pular de *bungee jumping*? Seu guia interior pode estar lhe sugerindo que é saudável correr alguns poucos riscos. As respostas surgem quando você começa a prestar mais atenção ao seu mundo interior. Acredite nessas pequenas cutucadas dadas por sua intuição e, então, as oportunidades irão aparecer em seu mundo exterior.

LIÇÃO 11

Contabilize suas bênçãos

Enquanto você não estiver em paz com quem você é,
nunca será feliz com o que você tem.

— Doris Mortman

Nós, seres humanos, somos criaturas estranhas. Já notou que tão logo alcança um objetivo, você se felicita, suspira de satisfação e, imediatamente, começa a desejar algo novo e diferente? Não há nada errado nisso. Parecemos ser persistentes em alcançar metas, querer mais e olhar para o futuro. O problema é quando você não aprecia o que tem, onde está e o que conseguiu. Se você notar que está num estado constante de insatisfação com sua vida, é porque não está enviando mensagens para o Universo que atraiam uma vida de bênçãos.

Você, provavelmente, está familiarizado com a noção de que a felicidade vem de dentro de nós. Ela não é alcançada com um novo emprego, com mais dinheiro, com um casamento (ou divórcio!), com filhos ou com a aposentadoria. Qualquer felicidade, benção ou estado de paz que você experimentar, será fruto de sua postura, de suas idéias e de suas crenças. Nenhum novo acontecimento irá garantir sua satisfação e sim a forma como você o sente e pensa sobre ele.

Pelo que você se sente grato neste momento? Quando você começa a focalizar a gratidão, sua intuição passa a dar informações constantes sobre como criar a vida que você quer. Ela passa a fornecer dicas, sugestões, sensações, impulsos, pressentimentos e sonhos que o guiam para a direção certa. Para receber esses dados divinos, você precisa de um canal que esteja aberto para aceitar as mensagens.

Se você vive estressado, sempre desejando ter mais tempo, dinheiro, liberdade, energia — ou qualquer outra coisa — você precisa providenciar um momento para o que eu chamo de "ócio sagrado". Todos esses sinais de estresse provêm de sua intuição e indicam que é hora de diminuir o ritmo, de dar uma boa parada ou de dispor de algumas horas ou dias de descanso para refletir sobre sua vida. O que você realmente quer? O que preenche sua alma? Do que você pode se libertar? Quais são as bênçãos em sua vida? Essas são perguntas a serem feitas ao seu sistema de orientação intuitiva. Ouça as respostas, reflita e comece a agir. Reservar um tempo para meditar, escrever e sonhar novos sonhos irá compensar bastante. São os primeiros passos na criação da vida que você quer ter.

Exercício intuitivo: jornada para a paz

Há algum lugar de que você goste especialmente, onde se sinta relaxado e em paz? Pode ser sua casa — sua poltrona favorita, a varanda, ou mesmo, a banheira. Pode não ser sua casa. Há uma cachoeira perto de onde moro. Eu costumo ir lá com uma cesta de piquenique, sentar e observar os patos e gansos flutuando no riacho.

Caso você não tenha seu lugar especial, estabeleça como meta encontrá-la. Leve este livro ou seu diário. O que você precisa fazer é muito simples. Apenas esteja presente. Observe o que há ao seu redor. Perceba seu meio ambiente. Respire. Relaxe. Deixe-se ficar consigo mesmo e com esse lugar. Aquiete-se. Se achar que sua mente está divagando, traga-a de volta ao momento presente. Consiga tempo para esse ócio sagrado. Sinta sua benção.

Seu diário intuitivo

As idéias e os pensamentos intuitivos sempre surgem quando nós conseguimos tempo para relaxar. Consiga tempo toda semana para sentar em silêncio por alguns minutos. Formule para si mesmo estas duas perguntas importantes:

> O que você tem a agradecer?
>
> O que você pode fazer para ter mais momentos de quietude e espiritualidade em sua vida?

A reclamação que mais ouço é, sempre, "eu não tenho tempo". Invente formas criativas para conseguir alguns momentos de paz em seus dias movimentados. Quem sabe você possa dar uma caminhada no intervalo do almoço ou acordar quinze minutos antes dos outros integrantes de sua família para se sentar sossegada em sua poltrona favorita e tomar uma xícara de café? Você descobrirá que se puder gozar de apenas cinco minutos de pausa para respirar um pouco de ar fresco, estará criando uma vida nova.

LIÇÃO 12

A sabedoria de seu corpo

Os sinais do corpo são a linguagem por meio da qual ele nos comunica que precisamos modificar algo.

— Mona Lisa Schultz

Durante anos, eu sofri com uma dor no pescoço acompanhada de enxaqueca. Eu tentei quiropraxia, massagem, aulas de ioga, acupuntura, analgésicos e um mundo de outros recursos para tentar reduzir aquele desconforto que me incapacitava. Muitas dessas técnicas funcionavam por um tempo ou diminuíam o desconforto. No entanto, eu me peguei pensando acerca das raízes da minha dor. Por que eu sentia aquilo? Haveria alguma mensagem sendo transmitida sobre a minha vida? Haveria algo desbalanceado? Será que, se eu identificasse o problema e tomasse uma atitude, a dor iria embora?

Fui a uma especialista em massagens após um dia especialmente ruim, com espasmos musculares nas costas e no pescoço. Eu estava deitada na mesa tentando relaxar meu corpo sob suas hábeis mãos. Ouvi uma voz em minha mente que repetia as seguintes palavras: "Eu posso lidar com isto. Eu sou forte. Eu posso suportar. Eu só preciso seguir adiante e agir." Percebi que aquela era a forma como eu via a mim e a minha vida. Sou forte, durona e independente *posso agüentar*. Não havia espaço para vulnerabilidade, dependência ou mesmo um pouquinho de fraqueza e insegurança.

Quero deixar claro que aquele era o meu diálogo interno. Ninguém estava me dizendo aquilo, além de mim mesma. Perceber o que eu havia dito me fez entender que eu estava sendo extremamente dura comigo e que estava *carregando nos ombros* muita responsabilidade. Há um motivo para eu ter enfatizado essa expressão. De repente, eu notei o quanto nosso corpo é metafórico. A responsabilidade que eu *carregava* estava me causando muita dor física e emocional no pescoço, nas costas e nos ombros.

Comecei a chorar enquanto a massagista continuava trabalhando nos nós dos meus músculos. Compreendi de imediato que eu não tinha que ser tão forte e durona. Eu não tinha que observar padrões tão rígidos. Não havia problema em ser vulnerável e pedir ajuda, em admitir que eu não sabia algo ou mesmo que estava apavorada e indecisa acerca de certos fatos em minha vida. Vi que eu não tinha que ser uma supermulher, com uma longa lista de *dúvidas* sobre a vida.

Eu gostaria de poder dizer que a dor no pescoço desapareceu naquele momento, mas isso não aconteceu. Ela continua diminuindo, enquanto eu continuo aprendendo a não ser tão dura comigo mesma e reduzindo minhas expectativas de que posso fazer tudo de forma perfeita. Hoje, passados muitos anos, muito de vez em quando, eu sinto a dor. Quando isso acontece, eu compreendo que meu corpo está me enviando uma mensagem intuitiva: "Diminua o ritmo, você está assumindo muitas responsabilidades e achando que pode fazer tudo sozinha. Separe algum tempo para você e busque apoio na família e nos amigos."

Exercício intuitivo: observando os sinais do corpo

O corpo é um impressionante transmissor de orientações intuitivas, mas, mesmo assim, muitos de nós ignoramos os importantes sinais que ele envia. Ele pode ser um astuto aliado que provê informações valiosas sobre como manter um balanceamento físico, espiritual e emocional em sua vida. Você é capaz de escutar com atenção quando seu corpo diz "algo está errado, por favor, preste atenção"?

Aqui, temos um exercício para você realizar quando perceber um sintoma físico e quiser receber informações intuitivas que possam ajudá-lo a melhorar. Seria bom que ouvisse as instruções em um gravador ou que alguém pudesse lê-las para você. Lembre-se de ir devagar. Fazer esta atividade sem julgar ou criticar pode ser de grande valia.

Inspire demoradamente e depois expire. (pausa) Mais uma vez, inspire com profundidade, até sentir o abdômen se contrair, e depois expire completamente. (pausa) De novo — inspire fundo e expire devagar. (pausa) Volte a respirar normalmente; com suavidade e calma.

Deixe que sua atenção se fixe em seu corpo físico. Use o tempo de que precisar. (pausa) Comece a tomar consciência de alguma parte de seu corpo em que possa haver um problema físico, um desconforto, ansiedade ou esgotamento. Deixe que qualquer sintoma se apresente. (pausa)

Em qual parte de seu corpo detectou o problema? Onde ele reside? (pausa) Não se apresse e certifique-se sobre a existência do desconforto. (pausa) Considere a possibilidade de que seu corpo possa ter uma mensagem para você sobre essa questão física. (pausa)

Sinta os limites do problema sem fazer julgamentos ou críticas. Deixe-se vivenciar a situação usando todos os sentidos. Ela tem uma cor? (pausa) Uma forma? (pausa) Você pode até sentir um gosto ou um cheiro. O que você percebe? Há alguma emoção associada a esse problema? (pausa) Caso haja uma voz, o que ela diz? (pausa longa) A informação recebida não precisa fazer sentido nesse momento. Você terá tempo para avaliá-la mais tarde.

Continue a vivenciar o problema da forma que achar correta. Você pode observá-lo a partir de diferentes ângulos ou formular perguntas. Lembre-se de manter uma posição de não julgamento. Limite-se a ser curioso sobre o que vê, sente, ouve e experimenta. Você está apenas explorando, mantendo-se aberto a qualquer informação que sua intuição envie. Deixe que a informação flua. Não force as respostas. Seja o que for, são apenas informações. (pausa longa)

Agora, quando se considerar pronto, inspire fundo e expire vagarosamente. Saiba que pode voltar a esse assunto quando quiser. Inspire mais uma vez e expire. Saiba que ainda pode obter informações depois deste exercício. Retorne ao ambiente lentamente e abra os olhos.

Quando estiver de volta ao estado de consciência normal, pegue seu diário e escreva sobre este exercício.

Comece prestando bastante atenção ao seu corpo. Quais mensagens ele lhe envia? Quando estiver cansado, descanse. Quando tiver sede, beba. Quando tiver fome, coma. Quando você ouve e responde aos sinais de seu corpo, ele o recompensa com uma boa saúde.

Seu diário intuitivo

Tentar entender os sinais e as mensagens que seu corpo envia requer, às vezes, um pouco de criatividade. Algumas das perguntas a seguir podem parecer estranhas, mas disponha-se a respondê-las como forma de extrair as imagens simbólicas e metafóricas usadas com freqüência pela intuição para comunicar suas mensagens.

Como seu corpo se sente?

Em que lugar do seu corpo você sente tensão, dor ou aflição?

Se fechar os olhos e visualizar seu problema, quais imagens lhe vêm à mente?

Caso o problema tivesse uma forma, qual seria?

Se tivesse uma cor?

Caso fosse um animal?

E se fosse um símbolo?

Caso seu problema tivesse uma voz e pudesse se comunicar com você, o que ele diria?

Caso tivesse sentimentos, o que ele sentiria?

Há algo mais que seu corpo gostaria de dizer a você?

O que você pode fazer para resolver esse problema?

Que atitudes você está disposto a tomar?

O que você aprendeu com este exercício? Algo o surpreendeu? Você pode preferir escrever as respostas em seu diário e lê-las depois de alguns dias ou semanas. Às vezes, as respostas se tornam mais claras depois que você tem a chance de conhecê-las melhor.

LIÇÃO 13

Dançando com a vida

Um contratempo pode nos levar a um lugar melhor
— se nós permitirmos.

— Anne Wilson Schaef

Parece haver um consenso de que se você meditar, declarar suas vontades, pensar positivamente e usar o fio dental todos os dias, nada de mal lhe acontecerá. Pior, há uma crença ainda mais forte de que se algo de ruim acontecer a você, é porque, de certa forma, *você atraiu* — você quis, secretamente, que tal fato ruim ocorresse!

Eu tenho outra teoria. Vejo os contratempos, mesmo que pareçam erros, como *redirecionamentos*. Alguma vez você saiu para viajar e se perdeu? Aposto que você fez o mesmo que eu fiz em diversas ocasiões: teimosamente, você imaginou que se continuasse seguindo na mesma direção, de forma mágica, chegaria ao seu destino. Apesar de soar ridículo, na hora isso pareceu mais fácil do que reconhecer que estava errado, parar, olhar o mapa e retornar para pegar a direção certa.

A intuição divina funciona desse mesmo modo. É como se uma parte de você — sua alma — visse que você está indo na direção errada — afastando-se de seu verdadeiro propósito. Essa parte mais sábia tem uma visão geral de sua vida e quer que você seja feliz e siga pelo caminho certo. De vez em quando, ela o cutuca e lhe dá dicas intuitivas, como: "Ei, acorde! Caminho errado!" Se você ignorá-las poderá cair numa crise.

Eu tenho uma amiga, a quem chamarei de Bonnie, que era uma corretora imobiliária de muito sucesso. Ela era conhecida no país inteiro como uma líder de vendas no mercado. Ela trabalhava dia e noite, inclusive nos fins de semana. Ela acreditava que para manter sua renda e sua reputação precisava se dedicar 150 por cento à sua carreira. Bonnie não conhecia descanso, não havia equilíbrio em sua vida, mas, depois de algum tempo, sua saúde começou a padecer. Ela considerava os avisos intuitivos meros sintomas da idade e, ignorando-os, continuava com seu ritmo arriscado. Você pode imaginar onde isso terminou... Ela teve sérios problemas de saúde e foi obrigada a parar por completo seu trabalho, precisou de um ano para se restabelecer.

Ao longo daquele ano, Bonnie reconheceu que sua vida havia ficado perigosamente desbalanceada. Começou a meditar, a escrever em seu diário, a sonhar, a refletir e a criar uma vida nova. Viu os aparentes contratempos como o que de fato são: redirecionamentos. Hoje, ela está saudável e com uma nova carreira de sucesso: ajuda outras pessoas a redirecionarem e a balancearem suas vidas.

Exercício intuitivo: sentindo-se bem novamente

Sente-se em silêncio. Feche os olhos e respire fundo algumas vezes. Relaxe. Pense em uma fase da vida em que você se sentia feliz, relaxado e em paz. Passe alguns minutos saboreando essas recordações. Pense nas pessoas com quem convivia, nas atividades em que estava envolvido, na casa onde morava. Faça o que for preciso para que essas cenas se tornem bem vívidas.

Formule esta pergunta à sua intuição: "O que posso fazer para trazer esses bons sentimentos de volta à minha vida?"

Fique atento a quaisquer pensamentos, impressões e sensações corporais que tenha. Sua intuição comunica-se de várias formas. A resposta pode não vir imediatamente. Não tem problema. Ela pode vir por meio de um sonho. Ou, em pouco tempo, você pode "intuir" a resposta.

Quando estiver pronto, abra os olhos e retorne ao estado normal de consciência.

Seu diário intuitivo

Ao visualizar um gráfico, qual a porcentagem de tempo e de energia que você gasta normalmente com o trabalho, com a vida social, com o lado espiritual, com a família, com diversões ou com qualquer outra área que seja importante para você? Você sente que uma parte de sua vida está sempre desbalanceada? Caso sinta, pense sobre estas questões e escreva sobre elas em seu diário:

O que você pode fazer para trazer bons sentimentos e harmonia para sua vida novamente?

Que passo está disposto a dar para recuperar a harmonia?

Conte com alguns contratempos; eles são parte natural no processo de criar a vida que você quer. Não se considere um fracassado só porque encontrou um obstáculo. Levante-se, continue tentando e siga com toda a coragem que conseguir reunir. Questione-se acerca do que aprendeu e retorne ao seu caminho. Dê pequenos passos em direção ao seu sonho, prossiga.

LIÇÃO 14

Viva sua vida com alegria e paixão

Guias espirituais iluminados morrem do coração e de câncer, como todo mundo, enquanto pessimistas mal-humorados que fumam e comem montanhas de hambúrgueres, muitas vezes, vivem cem anos. E todos nós, não importa quantos brotos de feijão comemos, quantos quilômetros corremos, quantas promessas fazemos, quantas horas meditamos e quão fervorosamente rezamos, iremos morrer um dia. A questão não é se iremos morrer, mas como vamos viver.

— Joan Borysenko

Como você vive sua vida? Como a citação acima parece dizer, nós podemos nos torturar fazendo tudo *certo* para garantir... o quê? Que vamos para o céu? Que vamos viver mais tempo, receber o prêmio de "mais espiritualizado", ganhar mais dinheiro ou os maiores elogios quando morrermos? Muitas vezes, toleramos circunstâncias nada ideais porque acreditamos que há uma recompensa, uma compensação para todo bom comportamento em algum lugar no futuro.

E agora? Pesquisadores mostraram que as pessoas mais felizes são aquelas que esperam que as coisas dêem certo, aquelas que têm prazer com as coisas simples da vida, que esperam que os outros gostem delas e que fazem de tudo para ver o lado bom das pessoas. Elas compreendem que a vida tem seus altos e baixos, mas tentam sempre focalizar o lado bom.

Podemos não estar totalmente comprometidos com o otimismo, mas podemos, com a força de nossos pensamentos e atos, viver uma vida saudável e feliz. Quando estiver se sentindo deprimido e preocupado, tente conduzir sua atenção para qualquer fato em sua vida pelo qual você seja grato. Faça isso em qualquer lugar — no trânsito, fazendo comida, se aprontando para dormir ou esperando em uma fila. Se você pode ter um momento agradável e livre de estresse "agora", então você pode ter vários desses momentos num dia, numa semana, num mês. Quem sabe seu futuro poderá resolver isso.

Seguir a intuição e conduzir sua atenção para a gratidão não irá garantir uma vida livre de angústias e sofrimentos. Irá guiá-lo, entretanto, para o caminho da consciência tranqüila e da paz de espírito, independente das circunstâncias.

Exercício intuitivo: desfrutando a boa vida

Vamos responder a um questionário. Marque com um X as afirmativas que forem certas para você. Seja honesto! Ninguém precisa saber o resultado além de você.

- ☐ Sinto-me oprimido diariamente.
- ☐ Cuido das necessidades de todo mundo, exceto das minhas.
- ☐ Sinto-me deprimido.
- ☐ Não durmo bem.
- ☐ Estou constantemente cansado e mal-humorado.
- ☐ Espero cada novo dia com entusiasmo.
- ☐ Tenho tempo para fazer coisas divertidas e compensadoras.
- ☐ Eu me sinto entusiasmado.
- ☐ Eu acordo me sentindo descansado.
- ☐ Sinto-me energizado no decorrer do dia.

Não há segredo algum nesse pequeno questionário. Não vou sequer pedir que você conte os pontos. Só irei pedir que observe quantos X você marcou nas cinco primeiras afirmativas e quantos marcou nas cinco seguintes. O resultado é óbvio. A pergunta para a sua intuição é a seguinte: "O que posso fazer para trazer mais entusiasmo para a minha vida?" A resposta pode estar em libertar-se de tudo que drena sua energia e dedicar-se ao que o anima e o atrai.

Seu diário intuitivo

Para criar a vida que você quer, você precisará de algumas informações sobre como ela poderia ser. Aqui estão algumas perguntas para o seu diário:

O que o faz feliz?

Do que você se sente mais orgulhoso?

Como você saberá que conquistou o sucesso?

Que passos você está disposto a dar para trazer mais felicidade para a sua vida?

Cada um de nós tem uma definição diferente para o sucesso. Para alguns, ele pode ser a quantidade de dinheiro que se tem ou o tipo de casa que se possui. Outros irão sentir-se bem-sucedidos por terem formado uma família maravilhosa ou superado alguma adversidade. Somente você conhece a sua resposta.

LIÇÃO 15

Passos divinamente guiados para uma mudança

Na escada do sucesso, algumas pessoas estão no topo, outras estão no meio, muitas estão na base, e a grande maioria nem sequer sabe que há uma escada.

— Robert Schuller

Eu sou uma pessoa impaciente. Não gosto de sê-la e o tempo todo eu tento trabalhar esse aspecto da minha personalidade. Eu me policio para diminuir o ritmo, aproveitar a vida e ser grata pelo que tenho. Devo confessar que nem sempre isso acontece. Por exemplo, meu livro *Divine Intuition* estava nas livrarias há apenas duas semanas e eu já perguntava "brincando" à minha assistente: "Por que ainda não virou um best-seller?" (mais ou menos brincando...)

Eu sei que não sou a única a experimentar tal desassossego. O tempo todo eu ouço dos meus clientes: "Já tentei meditar, visualizar e escutar minha intuição. Não funciona! Por que eu não tenho o que quero?" Você pode pensar que está cometendo algum engano, dizendo palavras impróprias ou identificando de forma equivocada sua intuição e fazendo, conseqüentemente, escolhas erradas. Tenho notado que a vida não parece seguir em linha reta para a maioria. Não importa o que dizem os livros de auto-ajuda, em geral, não se navega de uma conquista bem-sucedida para outra sem esforço.

O Universo está trabalhando nos bastidores para que você suba os degraus da escada rumo ao seu sucesso. Há uma inteligência divina que sabe exatamente o que você precisa para seguir adiante, para a próxima, e nova, experiência que você quer ter. Susan Jeffers escreveu em seu maravilhoso livro *End the Struggle and Dance with Life*: "Quando estamos envolvidos espiritualmente, é mais fácil lidar com as surpresas da vida." E ainda: "Nós queremos tudo rápido e fácil, mas, no que diz respeito à espiritualidade, a velocidade não resolve."

Tive muitas experiências na vida que pareceram fracassos. Na ocasião, ficava difícil imaginar que eu estava perto de conseguir alcançar os objetivos que eu desejava tão desesperadamente. Mas agora, décadas depois, quando olho para trás e me recordo dessas situações, vejo que o Universo colocou aqueles obstáculos em meu caminho para me ajudar a seguir na direção do meu sonho.

Mesmo que na época eu tivesse a impressão de que nada estava acontecendo, mudanças profundas ocorriam em minhas emoções e pensamentos e no meu crescimento espiritual. Era como se a inteligência divina soubesse exatamente do que eu precisava para superar as crenças que eu tinha acerca de mim mesma e do mundo. Deus estava me preparando para enfrentar os desafios de trilhar os passos seguintes da minha vida.

Você pode pensar que o seu objetivo é conseguir uma promoção, encontrar um parceiro ideal ou escrever um best seller.

Não há nada de errado nisso! Entretanto, Deus usa esses desejos para ajudar você a ir aprendendo, ao longo do caminho, sobre amor, perdão, bondade, comunhão, sensatez e paciência. Confiança e fé são qualidades que você deve manter em foco enquanto as forças da sabedoria universal fazem seu trabalho de assistência em seu desenvolvimento espiritual.

Exercício intuitivo: perguntas poderosas

A vida nos submete a uma série de altos e baixos. Existem áreas de sua vida que vão bem, e outras em que você se sente estagnado e ansioso sobre o que fazer em seguida.

Feche os olhos, respire profunda e vagarosamente por várias vezes e imagine que há um professor espiritual muito sábio sentado à sua frente. Enquanto inspira, sinta o amor profundo, a aceitação e a compaixão que seu mestre está lhe enviando. Você se sentirá pleno e cercado por essas qualidades. Curta a sensação por alguns instantes.

Há três perguntas que você deve fazer a seu mestre. Faça uma pausa depois de cada uma delas e fique atento à resposta.

> O que estou aprendendo neste momento?
>
> O que posso fazer para encontrar a paz na situação em que vivo?
>
> Há algo que devo fazer?

Abra os olhos e escreva as respostas que recebeu.

É comum sentir que você está "produzindo as respostas". Você pode recebê-las por meio de uma sensação, palavras podem surgir de súbito em sua cabeça ou você pode, simplesmente, compreender a mensagem. São modos pelos quais o guia interior se comunica. Caso as respostas recebidas façam com que você se sinta mais calmo e menos ansioso, acredite que elas são fruto de sua intuição divina.

Seu diário intuitivo

Se você está, neste momento, passando por um período desafiador em sua vida, tente se recordar de outro em que tenha passado por experiência similar. A maioria das crises tende a ser autolimitante, embora não pareça quando você está em meio a uma. Aqui estão algumas perguntas sobre as quais você pode refletir em seu diário.

> Quais foram as três situações mais difíceis que você enfrentou na vida?
>
> Que qualidades você desenvolveu ao passar por essas dificuldades?
>
> De que forma essas dificuldades prepararam você para metas alcançadas posteriormente?

O que você descobriu ao refletir sobre essas questões? Pode ser de alguma ajuda pensar: "Eu já passei por épocas difíceis como esta antes. Eu sou forte (ou desembaraçado, corajoso, inteligente — qualquer adjetivo que se encaixe em você). Eu vou usar esta qualidade para me ajudar a passar por isto e tudo vai dar certo. Só preciso ser paciente."

LIÇÃO 16

A vida que está destinada a você

Aqui está o teste para saber se sua missão na Terra está terminada: Se você está vivo, então ainda falta alguma coisa.

— Richard Bach

Experimente isto. Ache um lugar confortável onde possa ficar deitado por cerca de dez minutos e imagine como seria uma vida ideal para você. Imagine-se conquistando seus objetivos, fazendo tudo de que mais gosta. Não prossiga com a leitura até ter experimentado isso.

E então?

Fazendo esse exercício com meus clientes, descobri que as pessoas podem ser agrupadas em duas categorias. O primeiro grupo é formado por aquelas que terminam de sonhar e mostram excitação na voz. Descrevem em detalhes a sua vida ideal. Elas estão no caminho para o sucesso. O segundo grupo começa descrevendo os obstáculos que encontraram no caminho — falta de dinheiro, educação inadequada, cônjuge que não deu apoio, baixa auto-estima. Você pode imaginar! Essas pessoas costumam se retirar do sonho antes mesmo de começar a sonhar.

Os sonhos, as fantasias e as metas que ocupam sua consciência diariamente são formas usadas por sua intuição para se comunicar com você. O que o excita e o faz sentir-se entusiasmado já estava destinado a você. Esses sentimentos são a *energia da vida* fluindo através de você. Quando se sentir entusiasmo por algo, pergunte-se como é que você pode colocar essa energia em funcionamento em vez de se afastar dela.

No livro *Harry Potter e a câmara secreta*, o grande mago Dumbledore diz a Harry Potter: "São nossas escolhas, Harry, que mostram o que realmente somos, muito mais do que nossas habilidades." Você tem a chance de acreditar que pode criar o sucesso ou que há muitos obstáculos em seu caminho. Qual opção você escolhe?

Exercício intuitivo: diminua o ritmo e escute

Muitos de nós temos vidas tão ocupadas que fica difícil ouvir nossa voz interior, que é "suave e delicada", e poucos têm tempo para agir guiados por sua sabedoria. Por isso, neste exercício intuitivo sua tarefa é diminuir o ritmo. O que será que isso quer dizer?

> Partir mais cedo para um compromisso a fim de ter tempo de dar uma caminhada e tomar um ar fresco antes do encontro.
>
> Se você é uma daquelas pessoas que sempre fica no escritório até tarde, comece a sair na hora.

Faça uma boa refeição ou convide um amigo para ir a um restaurante com você.

Dê uma longa e demorada caminhada em sua vizinhança ou perto de seu trabalho. Observe o que está à sua volta.

Deixe reservado um dia livre em sua agenda, em que não haja nada planejado.

Lembre-se de *parar* e respirar fundo e devagar algumas vezes no decorrer do dia.

Que coisas você gosta de fazer que o levam a diminuir o ritmo e a apreciar a vida? Faça *ao menos uma* delas toda semana.

O que tudo isso tem a ver com intuição? Quando você se permite ter alguns momentos diários de paz e quietude, você dá àquela voz espiritual suave e delicada uma oportunidade de se chegar e de presenteá-lo com sua sabedoria. Uma força envolvente de amor e sabedoria enche seu coração e cerca você. Ela quer que você se sinta pleno e feliz e que viva a vida que lhe foi destinada.

Seu diário intuitivo

Lembre três ocasiões de sua vida em que você se sentiu plenamente engajado e entusiasmado por algum projeto. Quais memórias vêm à sua mente? Escreva sobre elas no diário. Seguem algumas perguntas que irão aprofundar suas lembranças:

Que assunto é recorrente nessas três ocasiões?

O que você pode fazer para trazer um pouco daquele entusiasmo e excitação de volta à sua vida?

Lembre-se de que você não tem que fazer uma grande mudança. Comece com coisas simples. Sempre que você dá um pequeno passo depois do outro, começa a ver opções que não pareciam existir anteriormente. Esteja disposto a se mover em busca do que o deixa entusiasmado e sua vida mudará de forma milagrosa.

LIÇÃO 17

Um plano simples para o sucesso

Um dia de sucesso: aprender algo novo; rir ao menos dez vezes; colocar alguém para cima; fazer progressos em planos que valham a pena; praticar a paz e a paciência; fazer algo bom para você e para outra pessoa; reconhecer e agradecer por todas as suas bênçãos.

— Michael Angier

Sou uma verdadeira fã dos livros de auto-ajuda. Eu os recolho nas prateleiras das livrarias e os leio tão logo são publicados. Mantenho uma pilha de cinco ou seis deles ao lado de minha cama e os leio antes de dormir. Penso que alguns têm idéias muito complexas para serem aplicadas na vida diária — a menos que você não tenha mais nada para fazer! A seguir, vou expor algumas de minhas idéias, dando, porém, uma interpretação intuitiva a elas.

O que você gosta de fazer? Pessoas bem-sucedidas prestam atenção ao que as deixa entusiasmadas. Comprometem-se a passar algum tempo, diariamente, fazendo o que gostam. Para alguns, o próprio trabalho é o que vale. Para outros, pode ser um trabalho voluntário ou um simples hobby. Comece a observar o que o deixa entusiasmado. É uma dica para se descobrir o caminho.

Pratique a gratidão. Existem evidências de que você consegue obter aquilo em que você se concentra. Você se queixa e reclama o tempo todo daquilo que não tem e ignora a fartura à sua volta? Comece a reparar e a apreciar aquilo que você atrai com facilidade na sua vida. Talvez você tenha um corpo saudável ou um grupo maravilhoso de amigos. Repare nos pequenos acontecimentos ao seu redor — a nova flor que brotou em seu jardim, o ronronar de seu gato, o riso de uma criança, a beleza da chuva caindo. Antes mesmo que você possa notar, a abundância vai começar a florescer, de todas as formas, em sua vida.

Acredite em sua sabedoria interior. Pessoas que acreditam em sua intuição tendem a conquistar mais sucesso na vida. Não importa como elas obtêm as informações. Se é por intermédio de um anjo sábio, de um guia espiritual ou de sensações, que é a forma tradicional. Aprenda a prestar atenção em como você recebe tais informações e confira sempre o seu "guia interior para o sucesso intuitivo".

Admita suas conquistas. Com que freqüência você se esforça bastante para alcançar um objetivo e depois não se dá o devido crédito pela conquista? Eu mantenho uma lista de tudo que conquistei a cada dia, mês e ano. Fazendo isso, você descobrirá que obteve mais sucessos em sua vida do que imaginava. O sucesso a gente constrói.

Pratique o pensamento positivo. Não conseguirei explicar suficientemente este conceito. O que você diz a você mesmo diariamente, torna-se sua experiência na vida. Fique atento aos seus diálogos interiores. Peça ajuda caso precise de alguma orientação. Uma cliente pediu em oração: "Por favor, guie meus pensamentos, minhas palavras e minhas ações. Eu quero pensar, falar e agir com amor." Ela ficou surpresa com a mudança que esse pedido simples causou.

Opte por ser feliz. As pesquisas mostram que ser feliz é uma opção. Não depende, necessariamente, das circunstâncias da vida. Existe sempre um aspecto positivo e outro negativo em qualquer mudança que ocorre em sua vida, mas você pode escolher em qual focalizar. Habitue-se a perguntar: "Qual é o lado bom desta situação?" Se você escolher sempre enxergar o mundo pelo lado bom, você verá que a felicidade vai encontrar você!

Exercício intuitivo: acreditando no processo

A intuição está presente em sua vida para ajudá-lo a criar a vida que você deseja. Quando você se concede um tempo para observar, ouvir e agir de acordo com a orientação que recebe, é sempre guiado na direção certa. Comece a se conscientizar do valor deste sábio conselho. Veja quais dos enunciados a seguir funcionam para você quando precisa de informação intuitiva.

"Eu sei o que é melhor para mim."
"As coisas estão entrando nos eixos."
"Do que eu preciso neste momento?"
"Tudo está dando certo."
"A sabedoria que eu espero virá quando eu precisar."
"Que decisão parece melhor neste momento?"
"Qual é a melhor saída para esta situação?"
"Qual é a decisão que tem mais amor (ou sensibilidade, perdão, sabedoria) neste momento?"

Sua função é:

Perguntar.

Acreditar.

Receber a resposta por meio de pensamentos, imagens, sentimentos, palavras e compreensão.

Agir com base na orientação que receber.

Seu diário intuitivo

Escolher os momentos que mais o recompensaram na vida é um bom método para identificar a essência de seus valores. Isso ajuda a definir "onde você está agora" e "para que lado você quer ir no futuro".

De quais conquistas você teve mais orgulho...

hoje?
esta semana?
este mês?
este ano?
na vida?

Depois de responder a esta lista, que novas idéias você teve? Há algo recorrente que você consegue identificar? Olhando para sua lista de conquistas você verá que os desafios enfrentados foram uma oportunidade de crescimento profundo, de compreensão e de mudança positiva.

LIÇÃO 18

O poder da intenção

Quando você age inspirado por um grande objetivo ou por algum projeto extraordinário, todos os seus pensamentos ultrapassam suas limitações. Sua mente transcende seus limites, sua consciência se expande em várias direções e você se vê em um mundo novo e maravilhoso. Forças, faculdades e talentos adormecidos tornam-se vivos e você se descobre uma pessoa melhor, muito melhor do que imaginava.

— Patanjali

Algo meio mágico ocorre quando você toma uma grande decisão. Uma energia poderosa, vinda de você, é liberada para o Universo. Você reúne sua crença em si, seus objetivos, sua intuição, suas esperanças e seus sonhos em um grande propósito cósmico. É como se você estivesse dizendo ao Universo: "É isto o que eu quero na minha vida. Ajude-me a realizar!"

Seu objetivo ou propósito desencadeia um conjunto de reações. Há um provérbio alemão que diz: "Comece a tecer e Deus lhe fornecerá os fios." Quando você toma uma decisão e começa a agir — mesmo sendo um pequeno passo —, o Universo fica do seu lado, conspira a seu favor para que seus sonhos se realizem.

Quando você se posiciona em um ponto de foco e claridade em relação a seus sonhos, você constata que suas intenções começam a se manifestar mais rapidamente. Entretanto, se você for como a maioria das pessoas, poderá ser desviado dos objetivos por sentimentos de confusão, impaciência e medo. Dúvidas surgirão e seu objetivo grandioso será relegado ao segundo plano.

Como sua intuição poderá ajudá-lo a navegar no campo minado do conflito, que se estabelece entre o surgir de uma meta e a manifestação do resultado em sua vida? Existem três grandes obstáculos no caminho das pessoas: 1) Você não consegue imaginar de forma lógica como pode ir de onde está para onde quer chegar. 2) Dúvida e medo surgem e você começa a se perguntar se vale a pena insistir naquele objetivo. 3) Você se pega no "mundo do nada", uma situação entre ser muito passivo na conquista de seu objetivo ou muito ativo.

Você *pode* chegar lá partindo de onde está.

O Universo tem uma forma extraordinária de ajudá-lo a conquistar o que está em seu foco de atenção. Pense nisso como uma fonte invisível de poder, de sabedoria e de conhecimento que está disponível para ajudá-lo a fazer o que seu coração deseja.

Minha amiga Jeannie contou-me uma história deliciosa sobre como ela conheceu o marido. Serve para ilustrar como esse poder invisível pode realizar milagres. Ela havia terminado um relacionamento com um namorado que não queria maiores compromissos; Jeannie almejava se casar e formar uma família.

Ela se inscreveu em uma agência de encontros e respondia, inutilmente, a anúncios de jornal. Em desespero, ela rezou e colocou tudo nas mãos de Deus.

Dias depois ela foi, com amigas, a uma feira comunitária. Elas estavam andando no estacionamento em direção à feira quando notaram dois homens atrás delas. De repente, um senhor surgiu do meio de uns arbustos, apontou para Jeannie e para um dos homens e disse: "Vocês dois deveriam conversar!"

Ela conta que todos ficaram atônitos, mas que, logo depois, riram do que havia acontecido e trocaram gracejos. Quando olhou para trás procurando o senhor, ele havia sumido. O grupo continuou a caminhar para a feira e todos acabaram se divertindo muito. Larry convidou Jeannie para jantar no dia seguinte, e o resto, como eles mesmo dizem, é história!

Você se lembra de ocasiões em sua vida em que obteve algo de forma aparentemente milagrosa? O Universo tem, ao seu dispor, infinitos meios para ajudar você a alcançar suas metas. Você só tem que prestar atenção a tudo que o faz sentir-se vivo, feliz e alegre e manter-se apegado a isso. Deixe, então, que Deus cuide dos detalhes.

É normal sentir ansiedade e dúvida quando mudamos algo em nossa vida. Tomar decisões que alteram o *status quo*, tira-nos da zona de tranqüilidade. Se achar que alguma inquietação o está paralisando, peça orientação à sua intuição. Quando você experimenta excesso de medo, em geral é porque há um grau significativo de limitação da confiança ou algum conflito interno que não permite que você dê o passo seguinte para o seu crescimento.

Toda emoção forte é uma informação que sua intuição está enviando. Ela pode fornecer pistas valiosas sobre o que está paralisando você. Pergunte à sua intuição: "Por que estou ansioso?" (ou apavorado, preocupado, aborrecido) Imagine, por exemplo, que seu objetivo envolve uma mudança de carreira, em que você poderia ganhar muito mais dinheiro. Se você acredita com firmeza que ganhar dinheiro não é espiritualmente bom, ou que, por alguma razão, não merece essa promoção, você experimentará uma discórdia interna muito grande. Você pode constatar com facilidade o quanto a confiança limitada faz com que se sinta incerto e ansioso.

Veja se consegue identificar com precisão crenças, valores e idéias que estão na raiz de sua inquietação. "Que novas crenças me permitiriam resolver este conflito e ficar mais confiante?" Sua intuição pode estar tentando direcionar você para esse novo objetivo, a fim de que você se livre dessa confiança limitada. Resolver isso liberaria uma grande quantidade de energia e permitiria que você criasse, com mais liberdade, uma vida perfeita. Sua intenção, ao formular essa pergunta, é encontrar uma resposta que o faça sentir-se aberto, confiante e esclarecido.

Exercício intuitivo: pequenos passos para o sucesso

É comum ter medo de tomar a decisão errada e tentar voltar à situação anterior. Vamos encarar a verdade: ninguém gosta de sair de sua zona de tranqüilidade sem uma garantia de sucesso. Aqui estão algumas perguntas intuitivas para testar seus objetivos.

O seu objetivo faz com que você se sinta vivo, alegre e entusiasmado?

Você está disposto a empregar tempo e energia nesse projeto, todos os dias desta semana e nas semanas que estão por vir?

Qual é a sua estratégia para lidar com o inevitável medo e com a falta de coragem que ocasionalmente podem surgir?

Você reservou tempo para meditar, sonhar, visualizar e afirmar seu objetivo?

Você continua a pedir orientação à sua intuição por meio de perguntas do tipo: "Como posso alcançar este objetivo?" ou "Quais são os próximos passos que preciso dar para alcançar este objetivo?"

Você já se libertou de tudo que drena sua energia e já criou espaço em sua vida para que seu objetivo se expanda e cresça?

Seu diário intuitivo

Escreva sobre uma ocasião em que você tenha alcançado um objetivo através de uma série de coincidências e sincronias. A fim de incitar sua memória, pense em como você conheceu seu companheiro(a), em como conseguiu um emprego ou encontrou o apartamento perfeito ou quem sabe uma situação em que você precisou de dinheiro e ele tenha surgido de forma inusitada.

Relembrar todos os impressionantes milagres que ocorreram ajuda a ter fé quando a vida muda de rumo de forma inesperada.

LIÇÃO 19

A mágica do momento presente

Só quando compreendemos e reconhecemos plenamente que temos um tempo limitado na Terra — e que não sabemos quanto este tempo irá durar — é que começamos a viver cada dia integralmente, como se fosse o último.

— Elisabeth Kübler-Ross

Está faltando algo em sua vida? Você costuma sentir-se vazio ou insatisfeito? Encontrei recentemente uma cliente, a quem chamarei de Mary Ellen. Ela me contou que se sentia deprimida e ansiosa a maior parte do tempo. Disse: "Eu quero algo mais na vida, mas não consigo saber o que é. Algo está faltando em mim."

Enquanto ela falava, ficou claro para mim que Mary Ellen estava fazendo coisas para todo mundo, exceto para si mesma. Ela tomava conta do sobrinho depois da escola, trabalhava em tempo integral como guarda-livros, ajudava um parente doente, era divorciada e mãe de um menino de nove anos. Perguntei a Mary Ellen se havia algo a que se dedicasse regularmente que fosse só para ela. Ela me olhou confusa e respondeu: "Eu não tenho tempo!"

Parece com você? Ouça uma verdade: para criar uma vida perfeita, você precisa antes abrir espaço. Quando sua vida está repleta de pessoas e situações que drenam sua energia, não sobra espaço para nada de bom e novo.

Em nossa conversa, Mary Ellen comentou casualmente que adorava pintar, mas que não pegava em um pincel há anos. Eu mostrei-lhe que quando ela falou sobre seus interesses artísticos, entusiasmou-se e ficou energizada. "Isso é a sua intuição dando uma dica sobre qual caminho tomar para trazer alguma paixão e entusiasmo para a sua vida", eu disse. Sugeri que freqüentasse algumas aulas em um centro cultural local e ela concordou.

No resto da sessão nós discutimos sobre como ela poderia disponibilizar algum tempo para freqüentar as aulas. Ao fim de uma hora, decidimos que ela falaria com a irmã e com o ex-marido sobre dividir melhor as responsabilidades com as crianças. Ela me mandou um e-mail alguns meses depois, contando que havia liberado duas tardes por semana e que estava inscrita em um curso de pintura.

O que tem a ver disponibilizar tempo na vida com intuição? Você pode estar fazendo todos os exercícios que sugeri neste livro — escrevendo no diário, meditando, rezando, visualizando — e não estar obtendo os resultados que deseja. Sua intuição pode estar oferecendo boas idéias de mudança e trabalhando duro para colocar oportunidades em seu caminho. O que a sua intuição encontra quando trabalha direito? "Vá embora, estou ocupado! Não tenho tempo para mudanças agora." Reserve algum tempo para ouvir essas idéias e espere os resultados.

Exercício intuitivo: o que anima você?

Como eu disse a Mary Ellen, a intuição se comunica com você por meio do que o anima — é um dos caminhos dela para alcançá-lo. Esta é uma informação importante, a qual você deveria prestar bastante atenção, pois ela pode lhe dizer qual é o próximo passo a ser dado. Comece criando tempo para observar o que o anima.

1. *Com o que você costumava se animar?* Pense em quando você era criança. Havia algo que você gostava de fazer e que nunca mais fez? Isso pode lhe dar uma idéia sobre o que escrever. Coloque tudo em seu diário.
2. *O que drena a sua energia?* Faça a seguinte pergunta quando estiver considerando o que deve ser liberado: "Existe alguma pessoa ou situação que me deixa cansado e irritado somente por pensar nela?" Esta é outra dica de sua intuição.
3. *Que atitude posso tomar para mudar a situação mencionada antes?* Identificar o que drena sua energia não o autoriza a pedir divórcio imediatamente, largar o emprego ou rejeitar sua família. Você pode estar precisando estabelecer limites mais justos com alguém ou ter uma conversa honesta. Explore novas oportunidades de emprego ou comece a questionar sua vontade de agradar a todos e prepare-se para dizer "não" com mais freqüência.
4. *O que você está disposto a fazer para criar espaço em sua vida?* Apenas compreender que precisa de mais espaço não é o bastante. Você terá que criar um plano de ação. Quais são os três primeiros passos que você pode dar para disponibilizar algum tempo para você? Anote-os em seu diário.

5. *Que passos você está disposto a dar para trazer mais diversão, entusiasmo e paixão para a sua vida?* Não precisa ser nada grandioso. Nós estamos falando em passos e não em longos vôos para a fé. Você pode almoçar com um amigo, inscrever-se em um curso, caminhar em um bosque, brincar com seus filhos, rolar pelo chão com seu cachorro ou escavar o jardim. Nada disso vai promover uma mudança profunda em sua vida, mas é um começo. Você estará dizendo ao Universo: "Eu mereço algum tempo para mim. Eu mereço receber sábias orientações intuitivas. Agora eu tenho tempo em minha vida para aproveitar as mensagens e agir com base em sua sabedoria." Quando você se acostuma a fazer isso... Atenção, vida! Aqui vou eu!

Seu diário intuitivo

Você reclama com freqüência de uma pessoa ou de uma situação? Há alguém ou algo bem no alto de sua lista de frustrações? Caso responda "sim" imediatamente, é provável que essa pessoa ou fato esteja desperdiçando muito de sua energia.

Liste em seu diário cinco fatores que estejam com freqüência drenando a sua energia. Você tem três possibilidades em relação a cada um deles: 1) você pode manter tudo como está; 2) você pode mudar um ou todos de alguma forma; 3) você pode livrar-se deles por completo.

O que você se dispõe a fazer?

LIÇÃO 20

O que seu coração deseja

O desejo direciona o foco. Quando seus desejos são vagos, seu foco fica embaçado. Quando, entretanto, seus desejos vêm do coração, seu foco torna-se claro e exato... Focalizar com clareza é a mágica da sua mente... Toda vez que você focaliza, você cria.

— Sonia Choquette

Se você pudesse fazer o que seu coração manda, sobre algum assunto, neste momento, o que faria? A resposta para essa pergunta é parte de seu sistema de orientação interior. Seu coração sabe o que sua cabeça (ou mente) desconhece. Ele é como um receptor divino capaz de perceber e transmitir as mensagens de Deus.

Você tem ansiado ultimamente por mais tempo, harmonia, amor ou liberdade? Talvez esteja vivendo em uma rotina e queira desesperadamente correr riscos para quebrá-la. Você pode admitir que está querendo mais em sua vida, mas afirma que não pode confiar em seus instintos ou tenta reprimir ou negar, o que vem do seu coração. Dê o primeiro passo reconhecendo e afirmando que você quer algo mais. Aceite a orientação de sua intuição, alertando para o fato de que é hora de caminhar em uma nova direção.

Você pode até estar consciente de que as emoções de seu coração estão enviando sinais de que é tempo para algo novo, mas não sabe o que fazer. Lembre-se de que não precisa ser um passo tão grande e significativo. Você pode ficar inspirado com uma pequena mudança na rotina ou com a disposição para uma tentativa original. Quem sabe um fato simples como sair mais cedo do trabalho uma noite esta semana ou fazer uma pequena caminhada antes do café da manhã. Assim, você estará deixando que o Universo saiba que você quer reunir a energia em movimento para promover a mudança que você deseja que ocorra. Esteja disposto a tentar algo novo e iniciar a caminhada na direção que seu coração indicou.

Exercício intuitivo: energizando sua vida

Feche os olhos e pense sobre vários aspectos de sua vida. Com os olhos da mente, imagine uma semana típica. Enquanto faz isso, pense nos momentos em que você se sente enaltecido e entusiasmado e naqueles em que se sente deprimido ou irritado. Essas são importantes mensagens intuitivas. Gaste cerca de cinco minutos nesta parte do exercício.

Veja agora as afirmativas a seguir. O que está dando certo em sua vida? O que não está dando certo? Numa escala de 1 a 10, questione-se sobre sua satisfação em diversas áreas. Circule os números que pareçam mais próximos de suas respostas. Os dois últimos itens estão vagos para que você crie outras afirmativas.

Gosto do meu trabalho.	1	2	3	4	5	6	7	8	9	10
Reservo algum tempo para mim.	1	2	3	4	5	6	7	8	9	10
Sinto-me intelectualmente desafiado.	1	2	3	4	5	6	7	8	9	10
Tenho uma dieta bem balanceada.	1	2	3	4	5	6	7	8	9	10
Tenho muitos amigos.	1	2	3	4	5	6	7	8	9	10
Tenho dinheiro suficiente.	1	2	3	4	5	6	7	8	9	10
Meu corpo é saudável.	1	2	3	4	5	6	7	8	9	10
Tenho tempo para minha espiritualidade.	1	2	3	4	5	6	7	8	9	10
Gosto da minha aparência.	1	2	3	4	5	6	7	8	9	10
Estou próximo das pessoas de que gosto.	1	2	3	4	5	6	7	8	9	10
Estou próximo dos meus filhos.	1	2	3	4	5	6	7	8	9	10
Estou próximo dos meus pais.	1	2	3	4	5	6	7	8	9	10
Estou próximo de meus irmãos.	1	2	3	4	5	6	7	8	9	10
Tenho tempo para atividades criativas.	1	2	3	4	5	6	7	8	9	10
Tenho uma vida harmoniosa.	1	2	3	4	5	6	7	8	9	10
Tenho tempo para fazer exercícios.	1	2	3	4	5	6	7	8	9	10
______________.	1	2	3	4	5	6	7	8	9	10
______________.	1	2	3	4	5	6	7	8	9	10

Você poderá impor como meta alcançar um dez em cada área de sua vida. Dependendo de sua posição neste momento, essa poderá, ou não, ser uma meta realista. Ao olhar para os números que você circulou, quais saltam aos seus olhos como áreas em que você deseja realmente melhorar? Ponha uma estrela ao lado delas. Houve algo que surpreendeu você quando leu os itens? Teve alguma idéia genial que pudesse ajudar a motivá-lo em uma área difícil?

Seu diário intuitivo

O exercício anterior e a pergunta a seguir não devem abatê-lo! Observe apenas que existem áreas que demandam mais atenção do que outras.

Aqui está a pergunta para o seu diário:

> "Como posso alcançar um 10 nas áreas que são importantes para mim?"

Pense em passos pequenos que você possa dar para melhorar nessas áreas. Você não precisa fazer tudo de uma vez. Você pode considerar um período de tempo de muitos meses ou muitos anos para conseguir implementar as mudanças. O mais importante é lembrar de reconhecer seus sucessos e suas realizações.

LIÇÃO 21

Vivendo seus sonhos

Eu descobri que você só tem que dar um passo em direção aos deuses, para eles darem dez passos em direção a você.

— Joseph Campbell

Existe um setor da sua vida que não evolui por você ter medo de tentar algo novo? Você já se pegou tão envolvida com as frustrações de seu trabalho, com o transporte das crianças para seus milhões de atividades extracurriculares, com a cozinha, com os problemas da vida, que se esqueceu de perguntar a si mesma "qual é o meu verdadeiro propósito aqui?". Talvez você esteja com medo até mesmo de ter metas, esperanças, sonhos e ambições, por acreditar que não há meio de conquistá-los, o que a deixaria desapontada. O Dr. Richard D. Dobbins resumiu desta forma: "Até que o medo de permanecer como está incomode mais do que a dor da mudança, a maioria das pessoas prefere deixar tudo como está."

Uma de minhas primeiras clientes veio ao meu consultório há cerca de 25 anos. Helen era uma senhora, bem vestida e bastante atraente. Essa adorável e graciosa mulher estava terrivelmente estagnada em uma rotina. Lembro-me de tentar interpretá-la. Toda vez que eu sugeria uma forma diferente ou nova de abordar um assunto ou uma situação em sua vida, Helen me dizia por que aquilo não era possível.

Ela tinha uma ladainha de desculpas, todas baseadas no que ela havia aprendido sobre si mesma na psicanálise. "Quando eu tinha quatro anos minha mãe me forçou a usar o vaso sanitário, por isso, desde então, eu não gosto de tentar coisas novas." "Eu não consegui desenvolver uma habilidade. Meu pai sempre me dizia que eu não tinha competência." Vemos aqui uma mulher inteligente, mas presa ao passado. Toda a energia, as idéias e as crenças de Helen estavam focadas no que havia acontecido antes. Quando perguntei se ela tinha algum projeto para o futuro, ela me olhou confusa e respondeu: "Eu tenho medo de sonhar com qualquer coisa nova. Como posso começar?"

Pode ser que sua situação não seja tão extrema quanto a de Helen, mas talvez você tenha as mesmas dúvidas: como começar? O padrão mais comum que encontro nas pessoas que estão tentando criar seus sonhos é o seguinte: 1) elas estão aborrecidas com o que têm ou com o que fazem; 2) elas decidem que querem mudar algo ou sair daquela situação; 3) elas tateiam sua intuição e normalmente já conseguem descrever um objetivo que têm, ou algo pelo qual elas se sentem entusiasmadas; 4) elas esperam; 5) nada acontece; 6) elas desistem dos sonhos e acreditam que "não era para acontecer". Bem deprimente, não é?

O que chama a atenção nisso é que não há *ação*. Você pode receber toda a orientação intuitiva do mundo, mas se não entrar em *ação*, nada vai mudar. Começando a trabalhar em seus desejos e metas você estará informando ao Universo que está pronta para que seus sonhos se realizem. Susan Jeffers, autora do livro *Tenha medo... e siga em frente*, sugere que você "corra um risco por dia — um pequeno tranco que faça com que você se sinta bem assim que tiver terminado".

Para que eu começasse meu negócio de consultas psíquicas, eu tive que agir. Em meu caso isso significou fazer um curso de desenvolvimento da intuição, conversar com algumas pessoas que trabalhavam com isso e, então, tomar coragem para fazer minhas interpretações. Tive que escrever um folheto de propaganda sobre meus serviços, dizer a um jornalista que eu era sensitiva e depois estar disposta a ser entrevistada por ele. Você pode imaginar. Eu tive que agir. Se eu estava com medo? *Claro*! Mas a cada ação que praticava eu ficava mais próxima do meu objetivo de ter um negócio bem-sucedido, até que, finalmente, virou realidade.

Minha cliente Mary contou-me outro dia que ela não conseguiu dar os passos iniciais em direção a seu objetivo, até sentir-se uma pessoa melhor. Ela explicou que sofria de baixa auto-estima e que já havia rezado muito para livrar-se desse sentimento, mas que nunca recebera uma resposta. Mostrei-lhe que sua orientação interior estava tentando ajudá-la, aumentando sua confiança e amor-próprio, encorajando-a a tomar atitudes. Ela precisava começar a engatinhar em direção a seus sonhos. Deus não costuma distribuir auto-estima. Em vez disso ele nos dá as ferramentas para sonhar e o conhecimento e a habilidade para manifestar os sonhos. Seu trabalho é prestar atenção. E se amar o bastante para agir.

Exercício intuitivo: sonhe alto!

Muitas pessoas não sonham alto o suficiente. Eu quero ver seus sonhos fluindo de tal forma que você será capaz de seguir seu entusiasmo intuitivo!

1. Escreva em seu diário ao menos cinco idéias que vêm rápido à sua mente quando você lê o seguinte:

Lugares que gostaria de visitar:
Coisas que gostaria de ter:
Carreiras com que você sonha:
Pessoas famosas que gostaria de conhecer:
Coisas que sempre quis fazer:
Coisas que gostaria de aprender:
Lugares onde gostaria de morar:
A descrição das férias perfeitas:
Pessoas que mais admira e por quê:
A descrição da casa de seus sonhos:

2. Em seguida, leia novamente a sua lista e circule as quatro idéias que a deixam mais entusiasmada. Escreva-as em seu diário.
3. Que padrão ou temas recorrentes você encontrou? (Por exemplo, todas têm a ver com correr riscos ou com criar uma vida mais tranqüila.)

O próximo passo é o que eu chamo de "reunindo informações". Você não tem que adivinhar como alcançar seus objetivos, você tem somente que pedir informações. Se, por exemplo, sempre sonhou com a área de relações públicas, encontre pessoas que trabalhem com isso, ligue para elas, peça cinco minutos de seu tempo para fazer perguntas sobre a carreira. Caso você ame fotografia, descubra cursos em sua vizinhança. Sempre quis visitar Paris? Fale com um agente de turismo ou vá à livraria e dê uma olhada nos livros de viagem.

> 4. Observe as informações reunidas e descreva os passos que está disposta a dar a fim de conquistar os objetivos que você expôs no terceiro estágio.

Esteja pronta para expandir um pouco as informações reunidas. Você verá que, quando estiver fazendo movimentos em direção às suas metas e correndo riscos calculados, o Universo começará a se mover junto, colocando em seu caminho pessoas úteis, coincidências e situações favoráveis. Sua sábia orientação interior colocou, em primeiro lugar, os sonhos em seu coração e em sua mente. Ao agir, você estará ajudando o Universo a *ajudar você.*

Seu diário intuitivo

Às vezes, é útil olhar para o passado a fim de entender melhor as habilidades desenvolvidas que permitiram que você chegasse aonde está hoje.

> Descreva três conquistas das quais se orgulha.
> Que obstáculos teve que superar para alcançá-las?

Também será útil que você olhe para a sua situação presente e encare seus medos diretamente, de forma que eles não sabotem seu sucesso futuro.

Qual é seu maior medo quando pensa em perseguir seu objetivo?
O que de pior poderia lhe acontecer?

Você pode se pegar dando ênfase aos seus medos; em vez disso, eu gostaria que você focalizasse seu potencial para o sucesso.

O que de melhor poderia lhe acontecer?

Que qualidades suas poderiam ajudá-lo a superar o medo e a seguir na direção de seus sonhos? Persistência, integridade, fé, confiança, organização, senso de humor?

LIÇÃO 22

Focalize sua felicidade

Eu acredito firmemente que o Universo planeja para você algo mais grandioso do que você jamais poderia sonhar... Você tem que estar receptivo ao plano que o Universo elaborou... Você tem que descobrir o seu verdadeiro chamado.

— Oprah Winfrey

Você sempre acorda cansado, apreensivo e sem entusiasmo para um novo dia e para o que vem pela frente. Você está ressentido com seu trabalho, aborrecido com sua companheira e irritado com seus filhos. Caso essa descrição se pareça com sua vida, é sinal de que você, provavelmente, está ignorando algumas mensagens muito importantes de seu interior. É hora de ficar atento!

Existe uma forma de sair dessa situação. É necessário um pouco de coragem, de comprometimento e de persistência. Pode não acontecer do dia para a noite, será preciso um pouco de paciência também. A resposta está em você. Você *merece* uma vida perfeita. Você *pode* ter uma vida cheia de alegria e entusiasmo. Com certeza, você adoraria que eu aparecesse com algum truque secreto ou que surgisse com uma fórmula que alterasse sua vida em cinco passos bem fáceis. Mas não é tão simples assim. É preciso que você faça algo. E tudo o que você tem a fazer é pensar no que o deixa feliz. Esta é a chave para começar a entender seu verdadeiro chamado. Eu sei que muitos leitores já estão resmungando: "Se eu soubesse disso antes já estaria fazendo!" Vamos encarar a realidade — quem mais poderia ter a resposta, além de você? Ninguém pode resgatá-lo dessa situação. Tudo tem que começar por você.

Dentro de você há um poderoso sistema de orientação interior. Ele o conecta à inteligência divina, ou Deus. Se você vive constantemente sem energia, nervoso e deprimido é porque está impedindo que a energia corrente flua da fonte vital — sua sabedoria interior. Seu trabalho é começar a refazer a conexão.

Aqui temos uma verdade universal: *o que você focaliza, expande*. Responda à seguinte pergunta com honestidade: O que você tem focalizado ultimamente? Eu poderia apostar que sua atenção não tem estado na gratidão, no reconhecimento e na felicidade. Você pode até não notar a imediata conexão entre o que está em sua mente e sua falta de energia, seu trabalho chato ou sua irritação com seu cônjuge, mas eu garanto que ela existe, e, por enquanto, você terá que aceitar isso como fato.

Focalize suas emoções nas pequenas alegrias presentes em sua vida — família, saúde, um dia bonito, uma lambida do seu cachorro, o abraço de uma criança. Encontrar a "felicidade" nos acontecimentos da vida pode ser um difícil desafio, mas vale o esforço. Tire algum tempo para sintonizar sua sabedoria interior; fique em silêncio e ouça. Comece a formular as perguntas.

O que me faz sentir alegre? O que há em minha vida que me faz sentir bem? Do que eu gosto em mim? Do que eu gosto em minha família, em meu trabalho e em minha casa? Você saberá que encontrou o sentimento certo quando começar a sentir aquela excitação característica, ou um profundo senso de calma e paz interior. Começar a prestar atenção aos "sentimentos de felicidade" é o primeiro grande passo na direção de criar uma vida perfeita. Lembre-se: *o que você focaliza, expande...*

Exercício intuitivo: utilizando o poder de suas crenças

Suas crenças acerca de sua vida ajudam a moldar o seu desenvolvimento. Quais são suas maiores crenças? Suas crenças se refletirão em sua vida diária. Elas darão origem às suas experiências. Responda às perguntas abaixo. Caso queira, escreva as respostas em seu diário intuitivo.

Você acredita:

Que a vida tem que ser uma luta?
Que é possível ser feliz?
Que você vive em um mundo seguro?
Que você encontrará alegria na vida?
Que o sofrimento é importante?

Que outras crenças você tem acerca da vida e do mundo de maneira geral? Pode observar que quando você ouve e age com base nas orientações de sua sabedoria interior, você começa a sentir mais paz e menos ansiedade e estresse.

Seu diário intuitivo

Infelizmente, lamentações e reclamações viraram hábitos dominantes em nossa cultura. Se você concorda com a idéia de que criamos aquilo que focalizamos, então nade contra a corrente. Um modo fácil de aumentar o seu bem-estar é concentrar-se no que está dando certo em sua vida.

O que faz com que você se sinta feliz?
O que em sua vida faz você sentir-se bem?
Do que você gosta em você?
Do que você gosta em sua família?
Do que você gosta em seu trabalho?
Do que você gosta em sua casa?
O que você poderia fazer para aumentar a felicidade em sua vida?

Respondendo a essas perguntas você poderá descobrir que muitas áreas de sua vida não são *completamente* boas ou *completamente* ruins. Você pode, por exemplo, ter dito que "odeia o seu trabalho", mas pode ter observado que gosta das pessoas com quem trabalha ou que gosta do fato de ter horários flexíveis. Insisto: quando você focaliza aquilo de que gosta ou o que lhe dá prazer, esses aspectos se expandem em sua vida.

LIÇÃO 23

O poder da atração positiva

Nós somos responsáveis por nossas vidas e, mais importante, pelas idéias que as criam. Se você quer que sua vida seja mais compensadora, tem que mudar sua forma de pensar.

— Oprah Winfrey

O que você diz quando fala consigo mesmo tem grande impacto no que acontece em sua vida. Você cria seu objetivo por meio do poder de seu pensamento e das imagens que fazem parte de sua mente e de suas emoções. Quando conseguir selecionar seus pensamentos de forma mais consciente, você estará começando a moldar seu destino.

Como sua intuição está vinculada a tudo isso? Se você tem constantemente pensamentos negativos ou pessimistas, você se sente mal. Essa é uma das maneiras de sua intuição enviar um sinal de que você está indo pelo caminho errado. É como se seu mau-humor e sua irritabilidade fossem partes do sistema de aviso prévio de sua intuição, sinalizando que você está prestes a criar algo negativo em sua vida. Ele o está avisando para redirecionar seus pensamentos.

Tente este exercício:

Pense em algo que você realmente queira. Pensou? Agora, diga a si mesmo por cerca de trinta segundos: "Eu nunca vou conseguir isto. Eu não sou suficientemente bom. Eu não tenho sorte. Isto nunca vai acontecer." Disse? Como você se sente? Miserável, não é? Ótimo! Sua intuição estava tentando dizer para você parar de pensar dessa forma!

Tente novamente. Pense no que você gostaria de ter em sua vida perfeita. Passe trinta segundos dizendo: "Eu estou louco para conseguir este [dê nome ao que deseja conquistar]. Eu sei que estou no caminho certo. Eu tenho o que é necessário para conseguir isto. É apenas uma questão de tempo até que aconteça." Aposto que você está se sentindo mais otimista. Novamente, é sua intuição enviando uma mensagem. Desta vez, seus sentimentos positivos são uma indicação de que você está no caminho certo e de que está enviando as vibrações ou energias certas para atrair o que você quer. O mestre espiritual Ron Rathbun diz melhor: "O que você encontra em sua mente é o que você mesmo pôs lá dentro. Coloque coisas boas."

Exercício intuitivo: destacando o positivo

Preste atenção em seus pensamentos e sentimentos. Caso esteja se sentindo deprimido, para baixo ou simplesmente pessimista, veja se consegue trazer seus pensamentos de volta ao que estava pensando antes ou ao que estava dizendo a si mesmo.

Esteja atento para redirecionar seus pensamentos negativos para algo positivo. Observe quando você recebe uma resposta de sua intuição, indicando que os pensamentos que você está tendo não estão atraindo o que você deseja. Faça imediatamente estas duas perguntas:

1. O que eu quero desta situação?
2. Existe uma forma mais positiva de pensar sobre isto?

Continue a selecionar pensamentos que o façam sentir-se melhor. Não estou querendo que você minta para si mesmo. Só estou pedindo que escolha um pensamento que o faça sentir-se bem. Eu quero que você seja generoso consigo mesmo enquanto aprende este novo exercício. É preciso prática para criar conscientemente o seu mundo!

Seu diário intuitivo

Escreva algumas mensagens negativas que você costuma dizer para si mesmo. Qual seria uma forma mais positiva de ver essa situação? Veja os exemplos a seguir. Pergunte-se então: "Quais pensamentos fazem com que eu me sinta melhor?" Escreva seus "novos modos de pensar". Escolha, a cada semana, um pensamento positivo que você gostaria de focalizar.

Mensagens negativas que costumo endereçar a mim mesmo	**Novos modos de pensar**
Eu tenho muito azar.	Eu aprendi que meus pensamentos determinam a minha sorte e estou disposto a pensar mais positivamente.
Eu nunca serei rico.	Há muitas áreas de abundância em minha vida. Eu sei que serei capaz de produzir dinheiro suficiente.

Escreva seus exemplos no diário.

Uma das formas de identificar as afirmações negativas a seu respeito é ficar atento a frases do tipo: "Eu sempre...", "Eu nunca...", "Eu não sou bom em...", "Com esta minha sorte..." Como qualquer outro hábito ruim, você poderá mudar este, com prática e atenção. Eu garanto que fazendo isso você verá o resultado em sua vida.

LIÇÃO 24

Ligado à inteligência infinita

A mente intuitiva tem acesso a um infinito suprimento de informações. Ela é capaz de penetrar em uma mina profunda de conhecimentos e sabedoria — a mente universal. Ela também é capaz de selecionar essas informações e nos abastecer com o que precisamos, quando precisamos. Nosso papel é ouvir a intuição, acreditar em suas orientações e aprender a agir a partir delas, passo a passo.

— Shakti Gawain

Todos os momentos, o tempo todo, você é informado se está ou não seguindo o curso correto. Essa informação vem de seu radar espiritual, delicadamente sintonizado, chamado "intuição", que, bem atendido, pode lhe dar certeza de estar se movendo na direção da realização de seus sonhos.

Eu sempre achei que a orientação interior fosse uma transmissão que partisse de uma inteligência infinita. Comparo-a a um fluxo de ondas de rádio. Elas são invisíveis. Você não consegue vê-las ou ouvi-las, a menos que faça um esforço para sintonizá-las. Faça um esforço diário para ficar sintonizado na estação INTELIGÊNCIA.

Desenvolver a intuição é como aprender qualquer nova habilidade ou talento. Quanto mais você pratica, mais você pega o jeito. Com o tempo, você se torna afinado com a freqüência da intuição divina, que lhe permite ouvir as transmissões que o direcionam para o caminho certo. Não é tão diferente de aperfeiçoar-se em outras habilidades. Eu adoro cozinhar. Eu sei que a adição de uma combinação determinada de temperos pode tornar meu prato um sucesso ou um desastre. Logo, eu presto bastante atenção às informações que meu gosto já possui, para saber se estou fazendo da forma correta.

Acontece o mesmo com a intuição. Você pode começar prestando atenção aos toques sutis, à voz interior ou aos discretos acontecimentos que compõem a combinação de ingredientes que forma a sua receita pessoal de orientação interior. Ao desenvolver suas habilidades — fazendo perguntas e ficando alerta às sutis sugestões de seu guia interior — sua vida começa a mudar.

Uma mulher chamada Megan, recentemente, enviou-me uma mensagem dizendo o seguinte: "Eu não me sinto mais sozinha no mundo. Agora eu entendo que os pensamentos e idéias, que me fazem ficar entusiasmada e contente por estar viva, são parte do meu sistema de orientação intuitiva. Eles indicam o caminho para o meu objetivo de vida. É como se houvesse um amigo ou um mentor amável lá no Universo, que desse apoio aos meus sonhos. Minha função é sonhar bem grande e estar disposta a dar os passos necessários para que o sonho se torne realidade. Eu recebo informações da minha intuição sobre como proceder."

Eu acho que Megan está no caminho de uma revelação importante. Muitos de nós alimentamos o medo de não estarmos realizando a "vontade de Deus", simplesmente por nos movermos na direção de nossos sonhos e desejos. Julia Cameron escreveu no livro *The Artist's Way*: "Não estamos acostumados a pensar que os desígnios de Deus para nós possam coincidir com os nossos próprios sonhos." Soa muito fácil e quase superficial. Como saber se o que você está fazendo faz parte de seus desígnios, de sua missão ou, para colocar em termos mais cristãos, da vontade de Deus?

Acredito que esse sistema de orientação interior, ou conjunto de instruções, foi-nos dado para nos ajudar a manter o curso e compreender nossa jornada na Terra. Faz sentido pensar que quando você se sente mal, culpado ou cheio de medo, quando lhe falta energia ou quando está preocupado em demasia com uma situação, você está sendo informado de que saiu do rumo em algum ponto de sua vida. Porém, se você está bem e, no geral, sua vida está repleta de pequenas alegrias, esperança, trabalho produtivo, bons amigos e objetivos traçados, é porque você está no rumo certo.

Esteja aberto para a possibilidade de estar sendo guiado em cada passo de seu caminho. Você não está sozinho. Deus quer que você seja feliz, que viva uma vida de alegria, amor e esperança. Fique atento aos sábios conselhos que estão à disposição para ajudá-lo a encontrar o seu caminho. Lembre-se de pedir ajuda. Você está sintonizado com uma sabedoria infinita, que transmite amor, aceitação e conhecimento e que existe para iluminar seu caminho — passo a passo. Seu maior desejo é sempre o que Deus programou para você. Respire fundo, libere-se, acredite, sintonize, tenha fé e siga em frente.

Exercício intuitivo: retrospecto intuitivo diário

À noite, antes de deitar, faça uma retrospectiva de seu dia. Feche os olhos, pense nos pontos altos do seu dia e responda às seguintes perguntas:

> O que estava fazendo hoje quando se sentiu mais em paz?
>
> Como você poderia estruturar sua vida para fazer mais dessa atividade?
>
> Houve algum momento em que você se sentiu incomodado? (ansioso, preocupado, constrangido)
>
> Caso isso tenha acontecido, o que você poderia ter feito de forma diferente?

Ao acordar de manhã, pense nas seguintes perguntas:

> O que você anseia para o dia de hoje?
>
> Há algo que o está deixando ansioso?
>
> Caso haja, como você gostaria que a situação se resolvesse? Passe alguns momentos pensando em uma solução de sucesso.
>
> O que você poderia realizar que o tornaria otimista sobre este dia?

Formular essas perguntas a si mesmo, regularmente, ajuda a mover sua vida na direção certa. A intuição, às vezes, dá orientações bem simples: afaste-se daquilo que está drenando sua energia e aproxime-se do que o enche de energia.

Seu diário intuitivo

Você já esteve atado a uma situação em que parecia que a única chance de felicidade ou alívio seria se outra pessoa mudasse ou simplesmente concordasse com seu ponto de vista? Pode ser que você esteja vivendo essa situação no trabalho, com um chefe difícil ou em casa, sentindo-se infeliz por seu cônjuge não ver as coisas do seu modo. Uma vez que você não tem controle sobre a outra pessoa, o caminho para a sua felicidade normalmente está em alguma mudança interna, em seu próprio modo de pensar.

> Em que situações você se sente furioso ou ressentido?
>
> Existe alguma mudança de pensamento em relação a essa situação ou pessoa que possa fazer com que você experimente mais paz de espírito?
>
> O que você está disposto a fazer em relação a isso?
>
> Em que situações você se sente em paz ou feliz?
>
> Como você pode aumentar o tempo que despende nelas?

Comece a pensar sobre isto: "Caso a outra pessoa ou situação não mude, o que eu poderia fazer para ficar em paz?" Apenas o fato de formular essa pergunta pode fazer com que você se abra para as respostas intuitivas e encontre um rumo novo e mais produtivo.

LIÇÃO 25

Pequenos passos para grandes sonhos

Tente dizer a frase: "Permita que eu me abra para as possibilidades." Esteja receptivo — não precisa fazer nada... Dizer essa frase para si mesmo algumas vezes ao dia abre seu coração para os sentimentos intuitivos.

— Nancy Rosanoff

Ontem, atendi uma cliente que vou chamar de Barbara. Ela começou a sessão com um monte de reclamações acerca de sua vida e de seu trabalho. "Eu não gosto das pessoas com quem trabalho. Eu ganho mal e odeio meu trabalho." Minhas tentativas de interpor comentários úteis, perguntas e orientações, esbarraram em outro monte de observações sobre o que *não* estava dando certo em sua vida. Uma frase de Richard Bach não saía de minha mente: "Se você argumentar a favor de suas limitações, terá de mantê-las." Finalmente, de um modo não muito paciente, eu disse: "Barbara, se você não parar de se lamentar terá que adicionar uma sessão mal-sucedida à sua lista de reclamações." Eu não podia acreditar que havia dito aquilo! Ela ficou paralisada.

Quando nos recuperamos, eu perguntei o mais delicadamente possível: "Como sua vida seria se você tivesse o que deseja?" Ela começou a listar todos os impedimentos para criar algo novo em sua vida mas, de repente, parou. "Eu não sei o que eu quero", ela disse baixinho. "Todo mundo parece ter grandes sonhos e eu desisti dos meus, tempos atrás. Não sei mais o que fazer."

A situação de Barbara pode parecer um pouco extrema, mas eu sei que muitas pessoas têm dificuldade para identificar suas metas. Uma das perguntas mais freqüentes que me fazem é: "Qual é o meu propósito na vida?" Muitos livros e aulas por aí anunciam que podem ajudá-lo a realizar seu sonho, mas e se você não tem, aparentemente, nenhum grande objetivo ou aspiração? Sua intuição pode ajudá-lo a solucionar esse dilema.

Sua orientação interior o informa sobre seus objetivos de vida, por meio de acontecimentos e situações que o fazem feliz. Ficar atento a essas informações é o primeiro passo para se criar um objetivo maior. Quando você dá um passo no sentido de aceitar o que você ama, o Universo aflui rapidamente com ajuda, orientação e milagres. Aqui vão algumas perguntas para auxiliá-lo a começar:

> O que você está fazendo enquanto o tempo está passando?
> O que você sonha em fazer nas férias ou em um feriado?
> Pense em alguém que tenha o "emprego dos seus sonhos" — o que esse alguém faz?

Se dinheiro não fosse problema, que tipo de trabalho você gostaria de ter?

Se seu chefe dissesse que você teria um ano livre para contribuir de alguma forma com a comunidade, o que você escolheria fazer?

Quais são seus passatempos prediletos?

Eu entendo que a resposta para qualquer uma dessas questões não vai necessariamente trazer uma clareza imediata sobre sua vocação ou sobre sua missão na vida, mas é um começo. Todos aqueles que vivem as vidas que amam tiveram que começar fazendo a si próprios essas perguntas. Eles também tiveram que acreditar neles mesmos, o bastante para correr o risco de caminhar na direção de seus sonhos. Você não tem que desistir de seu emprego agora, mas pode começar a passar mais tempo fazendo o que gosta. Esforce-se para fazer conexões com pessoas que possam ajudá-lo a construir seu sonho e continue a sonhar um pouco mais alto a cada dia.

Lembre-se de que a vida pode ser fácil. Não há nenhuma grande virtude em lutar e sofrer. Comece a se perguntar: "Como eu poderia...?", em vez de "Por que eu não posso...?" Quando sua mente está aberta para as ilimitadas possibilidades que Deus oferece, tudo o que você almeja flui suavemente para a sua vida.

Quando você pede ajuda ao Universo para compreender e realizar seus sonhos, eventos milagrosos começam a ocorrer. Informações acerca dos propósitos de sua vida ocupam sua mente e estimulam suas ações. Obstáculos como pouca auto-estima e ansiedade diminuem e até mesmo desaparecem, deixando suas aspirações livres para emergir e ganhar força. Aos poucos, passo a passo, uma nova vida começa a tomar forma. Tenha fé e coragem, e ouça a voz da sabedoria de Deus dentro de você. Comece, então, a agir com base nas orientações recebidas.

Exercício intuitivo: conectado por meio da meditação

Veja as respostas que você deu às perguntas anteriores. É importante pedir ajuda à sua intuição para criar seu sonho. Existem inúmeras fontes que podem assisti-lo em seu caminho para alcançar seu objetivo. Se quiser, você pode ouvir uma música suave para criar um clima de reverência.

- Feche os olhos e inspire profundamente, depois expire devagar, observando sua respiração, à medida que o ar entra e sai de seu corpo.
- Enquanto respira, visualize-se banhado em uma luz brilhante e delicada. (pausa)
- Imagine-se movendo-se em direção a um mundo mais elevado. Não há uma forma certa ou errada de imaginar isso. Apenas imagine que ele existe e ele existirá em sua mente.
- O espaço ao seu redor está pleno de amor e compaixão. Deixe que a luz e o amor se expandam. Permita que essas imagens e sentimentos fluam através de você e que o envolvam.
- Quando estiver pronto faça as seguintes perguntas à sua intuição:

  "O que eu posso aprender aqui?"

  "Qual é o meu objetivo na vida?"

  "Quais os próximos passos que devo dar para alcançar meu objetivo na vida?"

"Como posso desenvolver minha intuição?"

"Como posso criar mais paz e harmonia em minha vida?"

"Há algo me impedindo de conquistar minhas metas?"

- Pergunte sobre qualquer outro assunto para o qual você queira orientação.
- Permaneça meditando o tempo que quiser. Quando estiver pronto, volte ao estado de consciência normal e abra os olhos.
- Pegue seu diário e anote as orientações recebidas. Registre qualquer pensamento, sensação física ou imagem.

Algumas pessoas relatam que recebem as respostas quando estão escrevendo sobre a experiência e não quando estão em meio à meditação. Outros contam que as respostas vêm à noite em seus sonhos. Não desanime se as respostas intuitivas não vierem durante o exercício. Isso funciona de forma diferente para cada um. O importante é tentar conectar-se com sua intuição e com o Universo, por meio do processo de meditação. Às vezes, mesmo quando nada parece estar acontecendo, muitas informações estão sendo transmitidas em um nível de inconsciência. A sabedoria divina que você procura pode surgir em sua mente quando você menos espera!

Seu diário intuitivo

A atriz Katharine Hepburn disse uma vez em seu estilo inimitável: "A vida foi feita para ser vivida. Se você tem que aturar a si mesma, então está na hora de encontrar uma forma de ser mais interessante. E você não faz isso sentada por aí, pensando na vida." Caso essa afirmação não faça com que você comece a agir, não sei mais o que poderá fazê-lo! Aqui estão algumas sugestões para você começar:

Liste três ocupações que você ama.

O que o impede fisicamente de se dedicar a elas com mais freqüência?

Você acredita que envolver-se com elas poderia aproximá-lo de uma vida que você ama?

Caso tenha respondido que sim, escreva a seguinte afirmação em seu diário e assine. Você estará assumindo o compromisso de juntar forças com o Universo para criar uma vida que você ama — um passo de cada vez.

Eu, (seu nome), me comprometo a fazer mais aquilo de que gosto nesta e nas próximas semanas.

Pense em fazer aquilo que lhe dá prazer como se fosse uma espécie de "dever de casa" de sua alma. Você vai se surpreender como brincadeiras, frivolidades, entretenimentos e diversões em geral podem se tornar hábitos e estilo de vida.

LIÇÃO 26

Aceite tudo o que a vida oferece

Eu mantenho meu canal de comunicação mental aberto para a paz, a harmonia, a saúde, o amor e a abundância. Então, quando a dúvida, a ansiedade ou o medo tentam se comunicar, eles só encontram o canal ocupado — e logo acabam desistindo de mim.

— Edith Armstrong

"Eu odeio desvios na estrada!", comentei com uma amiga noutro dia, quando nos vimos presas em um engarrafamento. "Este não é um lindo dia de primavera?", ela respondeu, enquanto descia o vidro do carro, recostava-se no banco e suspirava. Essa é a diferença entre minha amiga e eu. Eu sou um pouco compulsiva. Quero ir daqui para lá da maneira mais rápida possível. Ela, ao contrário, ao menos tenta aproveitar a viagem.

Esse foi um daqueles momentos de descoberta que me conscientizaram acerca de um padrão que eu vinha tentando quebrar. Isso acontece comigo e com muitos de meus amigos e clientes; é a praga da pressa, dos negócios, da ansiedade e do estresse. Para que correr tanto?!

Lembre-se de ouvir sua orientação interior quando estiver sentindo-se ansioso. A sensação de pressa é auto-imposta e é possível revertê-la para ficar mais relaxado e seguir no fluxo da vida. Eu pensava que prática espiritual era ir à igreja, meditar por meia hora ou ler um livro de orações. Significa, sim, todas essas coisas e, ainda, correr o risco de acreditar no Universo — diminuir o ritmo e aproveitar a vida. Tudo vai acontecendo no compasso certo.

Eu focalizo o momento presente respirando bem fundo. Estou consciente de que mesmo enquanto escrevo essas palavras estou correndo. Minha intenção era terminar este capítulo ainda esta manhã — pressão auto-imposta. Respiro fundo novamente e reparo que há um pássaro cantando nas árvores próximas ao meu escritório. Vejo a luz do sol, que atravessa a clarabóia, brilhar nas margaridas amarelas que estão sobre a minha mesa. Olho para fora e vejo as novas folhas brotando nas velhas árvores. Abro a janela e aproveito a brisa fresca que brinca com meus cabelos. Eu parei somente poucos minutos, atada à confusão de pensamentos rígidos que me obrigam a terminar o capítulo do dia. Lembro-me de um poema Zen que diz: "Sentar em silêncio, fazendo nada/A primavera chega e a grama cresce sozinha."

Elementar.
Pare um instante.
Respire.
Focalize.
Confira com a alma.

Agradeça.
Diminua o ritmo.
Recomece.
Ahh...
(Eu adoraria viver assim.)

Exercício intuitivo: pare de fazer balanços da vida

Repare nos momentos em que você está se sentindo ansioso, estressado e apressado. Sua tarefa é começar a quebrar os padrões e permitir que a abundância, a tranqüilidade e a sinceridade entrem em sua vida.

Aqui temos algumas ferramentas a serem usadas. Pegue as que servirem para você e descarte as demais.

> Ao pensar sobre sua semana, quais os momentos mais estressantes?
>
> O que você poderia fazer para mudar isso?
>
> Liste cinco acontecimentos bons da semana passada. Como você poderia incorporar esses momentos à sua vida de forma regular?

Todos nós temos uma lista de itens que "deveríamos observar" em nosso caminho para a saúde da mente, do corpo e da alma. Muitos de nós não lhe damos atenção porque eles tomam muito tempo. Mas gastamos uma quantidade enorme de energia lamentando não tê-los feito. Quais são os cinco itens que você gostaria de incorporar à sua vida? (Meditar, escrever um diário, rezar, fazer ioga, caminhar, dançar?) Em vez de não fazê-los de forma alguma, permita-se dedicar-se a cada um deles apenas cinco minutos por dia.

Acerte o alarme de seu computador ou fique atento para dar uma parada a cada hora. Faça uma parada espiritual. Dê uma caminhada rápida, levante e alongue-se, vá até o jardim e sinta o cheiro das flores, brinque com seus filhos, ligue para um amigo e diga o quanto gosta dele. Faça qualquer coisa que o traga de volta para o seu momento presente.

Não há um modo certo de chegar aonde você pretende. Pergunte ao seu espírito como você pode aproveitar tudo o que a vida oferece. Lembre-se de saborear a vida; aproveite os desvios da estrada.

Seu diário intuitivo

Não *pense* muito sobre as questões a seguir. Escreva apenas o que vier imediatamente à sua cabeça.

Em que momento você mais se divertiu...

Na semana passada?
No mês passado?
No ano passado?

Anote a seguinte frase em seu diário:

Eu me permito ter mais prazer.

Pare um pouco de levar tão a sério seu caminho espiritual, seu trabalho, seus relacionamentos, seu peso, suas habilidades como mãe, sua saúde ou se você está fazendo tudo "certo" ou tão bem quanto outra pessoa. Pare um pouco de tentar "criar a vida que você ama" e tente, simplesmente, aproveitá-la. Quem mais vai poder aproveitar a sua vida senão você?

LIÇÃO 27

Que pensamento cai melhor?

O Universo apóia integralmente qualquer idéia em que eu queira pensar e acreditar. Eu tenho opções ilimitadas sobre o que pensar. Eu escolhi pensar em harmonia, estabilidade e paz e eu expresso essa vontade em minha vida.

— Louise Hay

No mês passado, eu estava dando um curso chamado "Criando a vida que você ama". Eu estava no meio da aula sobre comprometimentos. Eu disse algo que considerava óbvio — que cada um de nós tem um diálogo interno acontecendo o tempo todo, e que no fundo estamos sempre conversando conosco. Um homem que estava sentado à minha direita deu um suspiro e exclamou: "Ah! Estou tão feliz que você tenha dito isso. Eu achava que era o único que falava sozinho."

Você já se sentiu repentina e inexplicavelmente deprimido ou irritado, sendo que pouco antes você estava bem? Isso acontece com todo mundo de tempos em tempos. Na próxima vez em que acontecer, pare e tente lembrar o que aconteceu imediatamente antes de seu humor mudar. É provável que se lembre de algo que alguém disse ou fez que feriu seus sentimentos ou de alguma situação que fez com que você se aborrecesse.

O importante é prestar atenção a seus pensamentos. O que você disse para si mesmo sobre o comentário que o aborreceu ou sobre a situação que fez com que você ficasse mal? Fazer-se essa pergunta sempre que experimentar uma mudança repentina de humor é de vital importância. Você terá uma compreensão mais clara sobre algumas idéias e crenças arraigadas.

Vou dar um exemplo para ilustrar o que estou dizendo. Há pouco tempo eu estive treinando Roy, o gerente de vendas de uma empresa perto de Boston. Estávamos falando sobre seus sucessos recentes e sobre um prêmio que ele havia recebido na semana anterior. Ele estava otimista e positivo enquanto falávamos.

Mudamos de assunto e perguntei a ele sobre seu chefe, Neil. Roy logo ficou inquieto em sua cadeira. Sua energia e sua postura mudaram e ele começou a aparentar abatimento. Eu fiquei impressionada com a abrupta alteração e perguntei: "O que você acabou de dizer a si mesmo sobre o tema Neil?" Ele respondeu rapidamente: "Eu nunca serei tão talentoso quanto Neil. Eu só não vou em frente porque não sou tão bom quanto ele." Eu comentei que era interessante que em um momento nós estivéssemos falando sobre seus sucessos e, no momento seguinte, o foco da conversa tivesse se desviado para o seu diálogo interno derrotista.

Considerar a si mesmo ignorante e incapaz de ir em frente, obviamente, não ajudava Roy. E não era verdade! O resto da sessão foi gasto recompondo a imagem que ele tinha sobre si mesmo em relação a outros. Quando ele sentiu, numa outra ocasião, a aproximação de um padrão de pensamentos negativos, ele formulou a pergunta: "Existe um meio mais produtivo de pensar sobre isso?" A solução que ele encontrou para lidar com a situação relacionada a seu chefe foi dizer para si mesmo: "Eu tenho talento suficiente para fazer bem o meu trabalho. Meu talento apenas é diferente dos talentos de Neil."

O livro A *Course in Miracles* diz que "eu posso escolher a paz em vez disso". Você pode escolher os pensamentos importantes. Você pode escolher aqueles pensamentos que o façam sentir-se bem, esperançoso e otimista, ou os que o façam sentir-se inferior, sem esperanças e infeliz. Dê uma olhada no exercício intuitivo para ver como isso funciona.

Exercício intuitivo: encontrar razões para sentir-se bem

Comece a procurar razões para sentir-se bem e mude conscientemente a direção de seus pensamentos. Pratique perguntar à sua orientação interior: "Há alguma outra maneira de encarar esta situação?". Depois, ouça as respostas. Veja o exercício prático:

> Escreva algumas frases sobre um acontecimento recente sobre o qual você tenha se sentido mal.
>
> O que você disse a si mesma sobre a situação? Como você interpretaria o que aconteceu?
>
> Que outra maneira haveria de interpretar a situação de modo que você se sentisse melhor?

Veja um exemplo do meu diário:

A situação: Eu tive um mal entendido com um paisagista local acerca de um orçamento para plantar alguns arbustos em meu jardim. Eu vi que foi o meu erro de interpretação sobre o trabalho que causou o mal entendido. Não foi culpa dele.

Minha interpretação ou o que eu disse a mim mesma: Eu passei o dia me sentindo mal por achar que havia gasto muito dinheiro. Eu estava me martirizando por não conseguir me manter dentro do orçamento. Comecei a generalizar dizendo que eu não era boa para administrar meu dinheiro. Disse a mim mesma que eu deveria investir aquele dinheiro em nosso fundo de aposentadoria.

Uma forma alternativa de encarar a situação: Parei de me agredir ao perguntar: "Como posso encarar a situação de outra forma?" As respostas inundaram minha mente. Sinto-me satisfeita ao olhar para meu jardim "novo". Sinto-me feliz por ter recursos para pagar esse serviço. Eu acredito que virá mais dinheiro de outras fontes, que compensará o que eu gastei.

Epílogo: No dia seguinte, meu marido fechou um contrato para um trabalho independente, que cobriu fartamente o cheque que eu havia acabado de preencher para o paisagista. Cada vez mais eu me convenço de que consigo produzir resultados mais positivos quando mudo meu pensamento para tentar me sentir melhor sobre algo e quando focalizo o que eu quero, em vez de focalizar o que eu não quero. Peça à sua intuição que direcione seus pensamentos. Sua sabedoria interior irá sempre guiá-lo para o bem-estar.

Seu diário intuitivo

Há alguma situação crônica em sua vida que drene grande parte de sua energia? Pode ser uma área na qual você esteja desapontado, triste ou desencorajado.

Escreva em seu diário uma frase ou duas acerca dessa situação.

O que você diz a si mesmo sobre ela?

Por exemplo: "Isto não vai mudar nunca." "Eu não sou bom nisto."

O que você poderia dizer a si mesmo para sentir-se melhor e mais otimista?

Por exemplo: "Esta situação é temporária." "Eu estou dando passos em direção a uma mudança, logo a situação vai melhorar." "Eu já estive em situações difíceis antes e as coisas acabaram bem."

O que você se dispõe a fazer para mudar seu diálogo interno e ser mais positivo?

Algumas vezes você pode não enxergar que tem opções ou pode acreditar que outra pessoa ou uma determinada situação, tem poder e você não. Isso raramente é verdade, e pensar dessa forma pode afastá-lo das instruções oferecidas por sua sábia orientação interior. Respostas e opções surgirão em sua mente e em seu coração. Permita-se ficar aberto para uma possível mudança.

LIÇÃO 28

Transformando seu medo

Não podemos escapar do medo. Podemos, sim, transformá-lo em uma companhia que nos segue em todas as aventuras excitantes... Corra um risco por dia — uma sacudida pequena ou grande que fará com que você se sinta bem.

— Susan Jeffers

A intuição divina fala com você mais intensamente por intermédio de seus sonhos e de suas esperanças. Deus comunica os próximos passos que você deve dar por meio daquilo que o entusiasma e lhe dá prazer. Conversando com milhares de clientes, descobri que muitos de nós reprimimos e restringimos nosso entusiasmo. Você já não fez isso? Estar animado com um projeto de trabalho, com uma possível mudança, com um empreendimento arriscado, mas acabar se convencendo a sair fora e nem tentar? Você deixa o entusiasmo inicial esmorecer.

Muitos fazem isso por considerar o desafio intransponível. Como chegarei do ponto A (onde me encontro) até o ponto B (aonde quero chegar)? O filósofo romano Sêneca disse: "Não é porque as coisas são difíceis que não ousamos; porque nós não ousamos é que elas são difíceis." Nós desistimos quando o medo atravessa nosso caminho. A intuição pode lhe indicar os passos apropriados para realizar seus sonhos.

Exercício intuitivo: pequenos passos, grandes recompensas

1. Pense em um sonho ou objetivo que você tenha. Escreva-o em seu diário.

Exemplos:

Eu gostaria de perder dez quilos.
Eu quero ter meu próprio negócio de design gráfico.
Eu quero ser um poeta muito famoso.
Eu adoraria ser um grande aquarelista.

2. Todas as manhãs ao acordar e todas as noites antes de ir para a cama, imagine que você conseguiu seu intento. Faça isso por alguns minutos.
3. Pense em um pequeno passo que possa aproximá-lo de seu sonho. Pense em algo que o faça sentir-se animado e que não exija muito esforço para ser alcançado.

Exemplos:

Eu gostaria de perder dois quilos este mês.

Eu gostaria de aprender mais sobre como abrir um negócio próprio.

Eu gostaria de descobrir onde posso ler meus poemas em público.

Eu gostaria de encontrar uma boa aula de aquarela.

4. Comece dando os pequenos passos que você listou. Preste atenção, todos os dias, ao que o faz sentir-se entusiasmado em relação ao seu objetivo. É a sua intuição se comunicando com você e o encorajando a caminhar em direção ao seu sonho. Aja com base em seu entusiasmo!

Seu diário intuitivo

Promover grandes mudanças na vida pode ser assustador. Muitas pessoas preferem *não* mudar quando têm a opção. Elas preferem ficar como estão e esperar até estarem certas de que a mudança que vislumbram será bem-sucedida. Essa certeza raramente vem ou, quando vem, já é tarde. Pense na alegria e no entusiasmo que você vai sentir quando sua intuição indicar o caminho e os pequenos passos a serem dados.

O que o fez sentir-se entusiasmado hoje?

Quais os pequenos passos que você pode dar em direção ao seu objetivo?

Seu plano de ação:

O sucesso produz mais sucesso. Ao começar a dar seus pequenos passos, você irá se sentir mais autoconfiante e verá que sua intuição saberá guiá-lo na direção certa. Aos poucos, com segurança, você irá experimentar um sentimento de realização e de satisfação.

LIÇÃO 29

Anjos são os mensageiros de Deus

Não é tão difícil nos ouvir, se você escutar com o coração aberto. Na maior parte do tempo, nós estamos mais próximos do que você imagina. Um murmúrio, um pensamento, são os únicos sinais que precisamos receber de você para iniciar uma conversa. Temos um enorme respeito pelo que você está passando aqui, no planeta Terra, neste momento. Não pretendemos interferir em sua vida, queremos apenas lhe transmitir a benção da compreensão e novos modos de enxergar quem você é.

— Mensagem de um anjo, psicografada por Doreen Virtue

Quando eu era criança havia um anjo que arrumava minhas cobertas todas as noites. Eu o chamava de "Lady". Ela sempre ficava junto ao pé da cama. Na verdade, eu nunca a vi, mas podia *sentir* sua presença. Eu imaginava o anjo como uma luz dourada e brilhante. Imaginava suas asas me abraçando e emanando tanto amor e felicidade que eu caía no sono me sentindo cercada por sua luminosidade. Ainda hoje, mesmo não sendo mais criança, eu ainda procuro por ela e peço sua orientação e instrução durante a meditação.

A palavra *anjo* deriva do termo grego *angelos*, que significa mensageiro. Os anjos são sempre mencionados na literatura como sendo intermediários entre Deus e os homens. Eles são seres celestiais que se comunicam conosco por meio de sentimentos, palavras, imagens, sons e sensações físicas — caminhos pelos quais recebemos informações intuitivas.

Uma das perguntas que sempre me fazem é: "Como você distingue as mensagens de sua intuição das de seus guias e de seus anjos?" Minha resposta curta é: "prática". Minha resposta longa é: se a informação recebida for útil, puder ajudar você a tomar decisões sensatas e ensiná-lo a viver a vida de forma amorosa e produtiva, então não importa a fonte.

Anjos às vezes são confundidos com "guias espirituais". O guia espiritual é um ser amoroso que já teve uma encarnação em um corpo físico. Todos nós temos um guia, que existe para nos dar conselhos, conforto, instrução espiritual e, algumas vezes, proteção. Seu guia pode ser um amigo ou um parente que já morreu. Ele pode também ser uma alma espiritualmente evoluída que esteja agindo como seu mentor para ajudá-lo em um momento difícil da vida ou em um empreendimento específico, como ser pai ou desenvolver um projeto criativo. Eu acredito que há um guia determinado para você, que o acompanha por toda a vida.

Minha experiência diz que os guias são sempre mais proféticos em suas informações, oferecendo conselhos e recomendações concretas. Quando você recebe a comunicação de um anjo, o amor que sente é palpável. As pessoas sempre relatam essas experiências como sendo caracterizadas por sentimentos de imensa auto-aceitação, paz interior e por uma sensação de estarem sendo profundamente amadas e cuidadas.

Os anjos sempre estiveram entre nós. Há representações de anjos em todas as culturas e religiões através da história. Na década passada, voltamos a ouvir muito sobre anjos. Eu acho que eles estão fazendo contatos mais consistentes, em razão de estarmos cada vez mais abertos à sua influência benéfica.

Quando meu anjo está presente, eu tenho fortes sentimentos de amor, de alegria e de esperança. Outros descrevem uma sensação similar a de um abraço ou a de uma rápida brisa. Outros, ainda, dizem ouvir um sussurro amoroso ou o som de uma melodia celestial sendo tocada antes de receberem a mensagem angelical. Não há uma *forma certa* ou uma *forma errada* de receber a mensagem de seu anjo. Quando sentir a presença de um anjo, apenas creia.

Exercício intuitivo: conversando com seu anjo

Meu modo predileto de me comunicar com meu anjo é sentar-me em silêncio com caneta e papel na mão. Eu gosto de escrever as mensagens que recebo, pois são intensamente belas e cheias de amor, clareza e aprovação. Acho também que elas ajudam a lembrar as informações já recebidas. Com freqüência eu me surpreendo ao ver quão acuradas e significativas são essas mensagens. O músico Stephen Halpern gravou um maravilhoso CD chamado *Gifts of Angels*. Ouvir sua música me faz ficar na disposição perfeita para a seguinte meditação:

- Escolha um horário em que você não vá ser interrompido. Tire o telefone do gancho e sente-se em silêncio. Feche os olhos e respire fundo. Conduza seus pensamentos e sentimentos para a paz e a harmonia. Imagine que está preparando seu coração e sua mente para receber uma importante visita espiritual. Sua intenção é se manter inteiramente presente e alerta, além de aberto e receptivo.

- Imagine-se cercado de luz. Veja-a fluindo ao seu redor, conectada a todo o amor que existe no Universo. Visualize canais de luz vindos do céu e percorrendo seu corpo. Imagine-se conectado a essa luz e sinta-se receptivo a ela. Você pode se imaginar flutuando entre as estrelas. Passe alguns minutos com essa imagem.
- Mude o foco para o seu coração. Inspire profundamente e expire devagar. Observe e sinta o amor que está preenchendo e cercando você. Sinta a presença de seu anjo querendo se comunicar.
- Faça uma pergunta a seu anjo sobre o primeiro assunto que surgir em sua cabeça. Veja algumas de perguntas a seguir.

"Como posso manter contato com você?"
"Do que devo chamá-lo?"
"Como você deseja trabalhar comigo?"
"Que mensagens você tem para mim?"
"Do que preciso neste momento?"
"Qual é o meu objetivo na vida?"

- Você pode sentir-se emocionado e constatar que palavras estão se formando em sua mente. Acredite nelas. Seu anjo também pode se comunicar por meio de imagens ou ilustrações.
- Quando se sentir pronto, abra os olhos e comece a escrever as palavras ou desenhar as imagens. Anote qualquer informação. Não censure as mensagens que receber. Apenas mantenha-se aberto e liberte-se de todo julgamento.

- Como em qualquer conversa, você terá mais perguntas para formular à medida que for recebendo as respostas. Continue falando e ouvindo até sentir-se completo. Quando acabar, agradeça a seu anjo e leia o que escreveu.
- As pessoas costumam achar que "inventaram" as respostas. Comunicar-se com os anjos faz com que você sinta que está operando em uma freqüência mais alta. Se a presença que sentiu era calma, amorosa e piedosa, acredite que você esteve ouvindo a voz de seu anjo. A comunicação com os anjos segue uma escala entre divertida e simples, até extraordinariamente sábia e inspiradora. Eles sempre oferecem uma visão otimista ou um conselho amoroso.
- Enquanto retorna a o seu corpo e faz contato com o ambiente, aproveite para avaliar. Pergunte-se o que aprendeu. Como você se sentiu? As informações foram úteis e corretas? Como em toda habilidade nova, a prática ajuda! Você pode querer tentar novamente ou preferir guardar as informações por um tempo e revisá-las dentro de algumas semanas ou meses.

Seu diário intuitivo

Os anjos sempre trazem ajuda e orientação de forma inesperada, mas antes você tem que pedir seu auxílio.

Escreva cinco problemas que você gostaria de solucionar com a ajuda do seu anjo.

Qual foi a informação mais útil que você recebeu de seu anjo?

Lembre-se sempre de agradecer ao anjo por sua assistência. Afinal, eles gostam de reconhecimento tanto quanto os homens!

LIÇÃO 30

Conectado com o seu poder

Eu confio na sabedoria interior quando ela orienta minhas escolhas. Está dentro de mim aquele que sabe qual a melhor opção para mim no momento, incluindo a opção de ficar quieto, ouvir e esperar. Todo dia o amor reluz em tudo que eu vivo. O meu amor se reflete em todas as pessoas.

— Reverenda Mary Murray Shelton

Eu prestei consultas intuitivas por mais de vinte anos. Ainda me impressiona como algumas pessoas são capazes de transformar suas vidas enquanto outras se mantêm em uma rotina ano após ano. Eu venho pensando muito seriamente sobre o que faz com que certas pessoas rumem para uma vida de sucesso, felicidade e harmonia. Aqui estão os resultados que observei.

As pessoas de sucesso...

...têm um sonho ou objetivo claro. Elas prestam atenção ao que as deixa felizes, entusiasmadas e energizadas. Elas usam essa informação para ajudá-las a fazer as escolhas certas e tomar as decisões sensatas.

...visualizam e afirmam seu sucesso. Nem todas sentam e ficam focalizando as visões e promessas. Elas imaginam seus sonhos e, em seus diálogos internos, confirmam suas habilidades para conquistar os objetivos.

...acreditam em sua intuição. Se preferirem chamar de pressentimento, instinto ou orientação divina, não importa, mas elas estão atentas à sua voz interior. Agem com base nas informações que sua intuição provê e acreditam em sua sabedoria.

...correm riscos calculados. Elas compreendem que, por vezes, terão que se afastar de sua zona de segurança e arriscar fazer algo diferente. Elas sabem que todos ficam nervosos e ansiosos quando tentam fazer algo novo. Apesar desse desconforto, elas perseveram.

...têm paciência e fé. Para conquistar seus objetivos, elas possuem uma perspectiva de longo prazo. Elas sabem que conseguirão o que desejam. Elas aproveitam o processo da conquista tanto quanto a própria conquista do objetivo. Elas sabem que terão dificuldades, mas persistem.

...acreditam que tudo vai dar certo. Elas se convencem de que passar por situações complicadas é necessário para serem bem-sucedidas na empreitada. Elas se concentram em todo e qualquer sucesso que tiveram no passado como uma evidência dessa verdade.

...agem. Elas entendem que os pequenos passos são necessários. Elas têm planos. Caso se deparem com um desvio ou um obstáculo no caminho, elas simplesmente dão um passo atrás e reavaliam a situação. Elas descobrem onde podem ter errado e prosseguem com a ação; desta vez na direção certa.

Exercício intuitivo: analise seus sucessos

Muitas pessoas escolhem uma visão de vida "limitada". Elas se concentram naquilo que não conquistaram. Passe algum tempo escrevendo sobre seus sucessos. Pense sobre os grandes sucessos, porém, mais importante, reconheça e admita as pequenas conquistas. Aqui estão alguns tópicos para pensar quando estiver avaliando seus antigos sucessos:

> Como você sabia que estava no caminho certo para alcançar seu objetivo?
>
> Você sentiu algo em seu corpo?
>
> Você agiu por instinto ou baseado em um sentimento interior?
>
> Você teve alguma sensação ou visão que indicasse que estava indo no caminho certo?

Aqui estão alguns tópicos para pensar quando estiver trabalhando em seus objetivos presentes:

> Você está energizado e entusiasmado com o que deseja fazer? Caso esteja, sua intuição está sinalizando que é para você seguir em frente.
>
> As coisas estão entrando nos eixos? Caso estejam, continue! Se não estão, diminua o ritmo. Retorne um pouco e peça orientação para ver se é preciso fazer uma pequena alteração no rumo.

Lembre-se de que as mudanças precisam de um tempo para acontecer. Só porque seu objetivo não tomou forma do dia para a noite, não significa que ele não vá se concretizar. Como disse um amigo: "Os atrasos de Deus não são recusas." Seja paciente. Procure por sinais de sucesso.

Você está se divertindo tentando alcançar seu objetivo? É importante aproveitar a vida no momento presente e também, saborear suas conquistas. Assim que atingir sua meta, você provavelmente já terá outra, logo, aproveite o processo!

Medite e consulte o seu Poder Superior. Tire algum tempo, toda semana, para ter uma conversa tranqüila com sua alma sobre o que você deseja conseguir. Fique parado e escute quando seu espírito sussurrar palavras de encorajamento, paciência e compaixão.

Seu diário intuitivo

Você acredita que a única forma de alcançar suas metas seja por meio de uma grande demonstração de fé? Evidências narradas por pessoas bem-sucedidas provam o contrário. Elas contam que pequenas mudanças foram ferramentas importantes na conquista de seus objetivos.

> Cite três pequenas mudanças que você poderia promover que o ajudariam a sentir-se mais bem-sucedido.
>
> Quais riscos você correu no passado que tiveram resultado positivo?
>
> Que pequenos riscos você está, secretamente, querendo correr?
>
> Você está disposto a fazer isso? Caso não esteja, por que não?
>
> O que você poderia fazer esta semana que seria novo e diferente?

Considere a hipótese de formar um pequeno grupo de apoio composto por amigos e colegas para encontros regulares. A intenção seria o encorajamento mútuo: todos se ajudando a dar os passos necessários para criar os próprios objetivos e alcançá-los.

LIÇÃO 31

Decisões divinas

Peça o que você precisa e quer. Peça para aprender as perguntas certas. Peça para ser respondido. Peça para que o plano de Deus para sua vida se revele com alegria. Peça educadamente. Peça ardentemente. Peça com o coração agradecido e então você será atendido.

— Sarah Ban Breathnach

Muitos odeiam tomar grandes decisões. Será que eu devo largar este emprego? Será que minha vida seria melhor caso eu me mudasse para outro lugar? Será que é hora de terminar este relacionamento? Ficamos agoniados com essas questões por semanas, meses e, até mesmo, anos. Tenho observado que, por meio de algum artifício, as pessoas decidem não tomar decisões. Elas deixam que o "destino" resolva. Isso na verdade significa que elas não optam conscientemente pelo que querem e permitem que as circunstâncias optem por elas.

Concordamos que a maioria não aspira a sentir-se aborrecida, desnorteada, deprimida e desestabilizada. Nós lutamos por uma vida de harmonia e paz, certo? Minha resposta é: sim e não. Quando sua vida se encontra desordenada, não é, necessariamente, uma coisa ruim. É apenas uma mensagem do seu Ser Superior dizendo que é hora de fazer mudança. Os problemas surgem quando você ignora o aviso e a crise eclode. Sua sabedoria interior dará sempre as dicas apropriadas para ajudá-lo a se manter nos trilhos.

Minha cliente Judy disse que odiava seu trabalho na área de vendas da indústria farmacêutica. Ela estava desesperada para largar aquilo. Ela estava esperando e rezando por alguma orientação relacionada ao seu "objetivo de vida". Ela queria muito encontrar um trabalho na área de alimentação de um hotel ou de um restaurante elegante. Ela esperava algum acontecimento que lhe permitisse abandonar seu emprego atual. Enquanto isso, ela sentia que estava fazendo um péssimo trabalho e que seu chefe iria, inevitavelmente, dispensá-la. "Por que minhas preces não são atendidas?", ela perguntava.

Conversamos um pouco sobre o que ela pedia quando rezava. A essência de sua crença era de que, se ela rezasse "corretamente", Deus iria considerá-la merecedora de um novo emprego e alguém, então, iria ligar oferecendo-o a ela. Isso acontece na realidade? Dificilmente. Em geral, a resposta nos chega com uma mudança na percepção sobre a situação, com um impulso encorajador ou com novas oportunidades que surgem.

Conversando ainda mais sobre o assunto, Judy mencionou que um vizinho que trabalhava no ramo de restaurantes havia falado com ela alguns meses antes e, sabendo de seu interesse na área, sugeriu uma lista de pessoas para quem ela poderia ligar e que poderiam ajudá-la. Quando perguntei por que ela não havia entrado em contato com todas aquelas referências, ela respondeu: "E se eu decidir mudar de emprego e não gostar do emprego novo?"

A prece respondida talvez tenha ficado clara para você, mas não para Judy. Quantos de nós já fomos incitados por nossa intuição a correr riscos, a tomar uma decisão, a agir de determinada forma e, simplesmente, recusamo-nos a espantar o medo e a indecisão? Quando pede por orientação, você recebe uma resposta. Nem sempre ela vem de forma óbvia. John D. Rockefeller III disse: "O caminho para a felicidade repousa em dois princípios básicos: procurar o que lhe interessa e o que você possa fazer bem e, ao encontrar, colocar toda a sua alma naquilo — cada pedacinho de energia, de ambição e de habilidade natural que você tenha." É preciso coragem para se desligar de uma vida segura e previsível. Aprenda a aceitar o novo, mantenha-se acessível às respostas e siga em frente com o peito aberto.

Exercício intuitivo: criar um mundo de opções

Pense em algo que não o esteja deixando satisfeito. Pode ser que você queira anotar em seu diário.

Se você pudesse ter um desejo realizado em relação a essa situação, o que você gostaria que acontecesse?

Pense em cinco opções relativas a esse assunto. (Por exemplo: você poderia conversar com alguém, partir, ficar, pedir ajuda ou apoio, rezar, não decidir, arriscar, mudar de atitude, continuar a fazer o que você sempre fez, agir ou todas essas opções.) Escreva sobre elas em seu diário.

Feche os olhos e respire fundo. Pergunte à sua intuição: "Qual é a melhor forma de agir?" Pausa.

Pense sobre todas as opções que você acabou de escrever. Alguma delas parece ser a melhor? Caso não, vá mais fundo e pergunte novamente. Você pode receber uma nova resposta.

Escreva os resultados em seu diário.

Pense em três pequenos passos que poderiam guiá-lo na direção que você escolheu. Estabeleça o prazo de um dia, de uma semana ou de um mês para dar seus próximos passos e seguir em frente.

Seu diário intuitivo

Nem todas as pessoas tomam decisões acertadas da mesma forma. Não há um modo correto. Pense por alguns minutos sobre um estilo de decisão que tenha dado certo para você no passado. Se puder aplicar essa informação em suas decisões presentes, você já sairá com alguma vantagem na direção certa.

Descreva em seu diário as três maiores decisões que você tomou no passado.

Como você costuma tomar decisões? (Por exemplo: adiando até não poder mais, deixando que alguém decida, acreditando em sua intuição e esperando o momento certo, decidindo prematuramente e detonando uma crise.)

Sua forma de decidir funciona para você?

Caso não, o que você gostaria de mudar?

Caso sim, o que faz com que ela seja bem-sucedida?

Depois de responder a essas questões, você pode preferir escolher um outro estilo de decisão. Isso é bom! A princípio, use sua nova fórmula em algumas situações de baixo risco, até que se habitue ao novo processo.

LIÇÃO 32

Alcançando resultados

Imaginação é tudo. Ela é a antecipação das atrações que a vida irá apresentar.

— Albert Einstein

Objetivo + imaginação + emoções positivas + intuição + ação = os resultados que você espera em sua vida. Essa é uma fórmula simples. Vamos compreendê-la. Qual é sua meta ou objetivo? O que você deseja criar? Como você gostaria que sua vida fosse? Defina claramente a solução que você deseja. Muitas pessoas ficam presas a esse estágio e tornam-se obcecadas em descobrir *como* podem alcançar seus objetivos. Tente colocar essa preocupação de lado por algumas semanas. Experimente essa fórmula como uma tentativa de criar algo novo em sua vida. Por enquanto, limite-se a acreditar que existe um conhecimento superior que sabe exatamente como tornar realidade a situação que você deseja.

Usar sua imaginação significa criar em sua mente a imagem de algo que você quer. Pode ser uma oportunidade de emprego, um relacionamento maravilhoso, uma casa linda ou férias emocionantes. A chave é manter seu foco interno na imagem daquilo que você quer criar.

Ao usar a imaginação para visualizar o resultado que deseja, você sente emoções positivas. Como você se sentiria caso tivesse essa realidade em sua vida? Imagine seus amigos e familiares entusiasmados com você. Imagine-se inserido nessa cena em que você experimenta a situação que almeja. Preencha a cena com sentimentos claros e positivos. Veja-se como uma pessoa confiante e segura. Visualize a luz e o amor cercando você. Sinta sua excitação ao alcançar seu objetivo.

Estando efetivamente engajado nos dois planos de imaginação e emoção positivas, você verá que seu guia interior começará a enviar mensagens relativas a seus objetivos. Você acordará um dia sentindo o impulso de ligar para alguém que esteja em posição de ajudá-lo a conquistar seu objetivo. Você verá que as coincidências e sincronias começarão a acontecer. Você poderá também experimentar uma confiança crescente ou um sentimento de inspiração. Idéias sobre como proceder poderão surgir em sua mente. Você poderá ter sonhos que contenham informações. Fique atento para as mensagens de sua orientação interior. Existe uma inteligência superior que guia o Universo. Ela fornece informações, por meio de sua intuição, para ajudá-lo a alcançar seus objetivos.

Por fim, você precisa começar a agir. A chave não é fazer algo porque *você acha que deve*. Aja somente quando o impulso parecer divertido, excitante e interessante. Esses impulsos são a sua intuição indicando as ações necessárias para concretizar seu sonho. Sua intuição é conectada a *tudo o que existe* e sabe o caminho mais eficiente para você chegar aonde quer. Quando você ouve e segue as instruções de sua orientação interior, ela o guia para a vida que você ama.

Exercício intuitivo: o poder das imagens em sua mente

Passe algum tempo praticando os passos do processo criativo. Escreva em seu diário sobre sua vida ideal. Reserve cinco minutos por dia para sentir e visualizar a conquista de seus objetivos. Preste atenção a qualquer orientação intuitiva que apareça e lembre-se de agir apenas quando isso parecer agradável.

Junte algumas revistas e recorte fotografias que representem aquilo que você deseja criar em sua vida. Você pode encontrar palavras que o inspirem, fotos de lugares exóticos que você gostaria de conhecer, de um carro que você gostaria de possuir, de uma casa em que você gostaria de viver ou mesmo imagens de um relacionamento que você gostaria de ter. Eu mantenho meus recortes sobre a escrivaninha e dou sempre uma espiada neles. Toda vez que os olho, eu sorrio, sabendo que a divina inteligência está direcionando seus planos para minha vida.

Seu diário intuitivo

Meus clientes sempre me dizem que podem afirmar com facilidade o que eles *não querem*, mas que sentem dificuldades em descrever o que eles *realmente querem*. É difícil você começar a criar a vida que ama quando ainda não definiu como essa vida seria. Aqui estão algumas perguntas que lhe ajudarão:

Qual é o seu objetivo? Qual é a solução que você quer desenvolver?

Que imagens vêm à sua mente quando você se vê alcançando esse objetivo?

O que você sentirá quando alcançá-lo?

O que a sua intuição está lhe dizendo neste momento acerca dele?

Há alguma ação que você esteja sendo impelido a praticar? Há algo que pareça excitante ou divertido que você queira fazer?

Quando estiver certo sobre o seu objetivo, sua intuição começará a dar informações sobre o caminho mais rápido para alcançá-lo. Preste atenção a repentinos insights, a emoções fortes, a sensações físicas ou a imagens idealizadas que podem indicar o curso de ação a ser seguido.

LIÇÃO 33

Ouça a sua sabedoria interior

A intuição é a aparência espontânea da sabedoria: uma nova idéia, a solução de um problema, uma sensação de certeza em relação ao caminho certo ou ao que fazer em seguida. Ela ocorre na ausência de prática ou de informações que conduzam a pessoa àquela conclusão.

— Reverenda Mary Murray Shelton

Uma pergunta que ouço com freqüência é: "Como vou saber que é a intuição, e não o medo (ou o ego, o desejo, o vício de pensamento), que está me transmitindo aquela mensagem?" Eu gostaria de ter uma resposta simples. Não seria ótimo se a voz do seu medo soasse como a de Darth Vader e a voz de sua intuição, como a de Celine Dion? Seria tão fácil!

Uma das formas mais eficientes de encontrar a resposta que procura é dar um pequeno passo em direção ao que você está sendo instigado a fazer. Como você se sente enquanto age? Que resultados você tem obtido? Se você continua a sentir otimismo e se suas ações produzem bem-estar e harmonia, então você está no caminho certo. Siga em frente! Se, porém, você está deprimido, paralisado e sem energia e sente uma resposta negativa a suas ações, é hora de diminuir o ritmo, parar e reavaliar.

A intuição acurada inevitavelmente guiará você em direção ao bem-estar. Os resultados obtidos poderão ser usados tanto em benefício dos outros como em seu benefício. Quando você segue seu guia interior, coincidências e sincronias começam a ocorrer. Portas irão se abrir e oportunidades irão surgir. Você verá que ao pressentir seu caminho, ao longo da estrada indicada por sua intuição, mais instruções lhe serão fornecidas.

Pode ser um pouco assustador dar esses passos, uma vez que você não sabe com certeza aonde eles vão levá-lo. É como se você estivesse andando em uma estrada cercada de névoa e não conseguisse ver o caminho adiante. Você teria que acreditar que, colocando um pé na frente do outro, no final das contas, acabaria chegando ao lugar aonde pretendia ir.

Quando tiver um novo objetivo na vida, peça que sua intuição o oriente. Encare suas tarefas como se estivesse seguindo algum pressentimento, inspiração, voz interior ou sonho. Acredite que sua intuição está conectada a uma sabedoria maior no Universo. Certifique-se de que essa sabedoria conhece o caminho que você deve seguir. Quando você tem uma visão de seu objetivo, a sabedoria criadora do mundo o assiste na busca do conjunto de circunstâncias necessárias para que você cresça e floresça.

Não há como saber ao certo que você está recebendo intuição correta e acurada. Se você está motivado pelo desejo de ser útil e de colaborar com a humanidade, e se sente inspirado para agir, dê pequenos passos para frente. Você verá que à medida que continuar ouvindo sua intuição e agindo pautado em sua sabedoria, ficará conhecendo as respostas e as dúvidas desaparecerão.

Exercício intuitivo: fortalecendo sua intuição

Aprender a acreditar em sua intuição é como aprender qualquer nova atividade. É normal sentir-se inseguro. "Será que estou fazendo certo?", é a pergunta mais freqüente. A seguir, apresentamos alguns passos bem simples para fortalecer sua crença de que a orientação intuitiva é uma fonte de informações com a qual você pode realmente contar na criação da vida que você ama.

Quando tiver que tomar uma decisão, reserve antes um tempo e encontre um lugar em que você possa ficar tranqüilo e ouvir as orientações. Tenha caneta e papel à mão. Reveja mentalmente seu problema. Se achar necessário, escreva alguns parágrafos para deixar o assunto bem claro.

Esvazie sua mente o quanto puder. Algumas pessoas fazem isso se concentrando na respiração, outras focalizam uma vela ou escutam música para relaxamento. Encontre o melhor caminho para você.

Peça ao seu guia interior informações sobre a melhor opção. Perguntas com o final em aberto são as mais úteis. Veja alguns exemplos: "Qual é a melhor opção para o meu trabalho neste momento?" "Como posso ajudar minha filha?" "Como posso me tornar mais próspero?" "O que posso fazer para melhorar minha saúde?"

Escute com atenção. Não edite as respostas que receber. A intuição pode vir por meio de um insight, de palavras, de uma impressão rápida ou simbólica, de uma emoção ou mesmo de uma sensação corporal. Algumas pessoas relatam que, de um momento para o outro, "simplesmente descobriram a resposta". Outras contam que a resposta só chegou mais tarde, quando elas menos esperavam.

Anote a informação em seu diário. Avalie essa informação. Caso você tenha recebido uma informação precisa, ela irá soar correta a você. Você irá experimentar uma vontade de agir, incitado pela intuição. A informação fará com que você se sinta em paz ou calmo e não agitado ou aborrecido.

Dê alguns passos na direção indicada por sua intuição. Isso não requer uma grande demonstração de fé nem uma mudança significativa em sua vida. Teste a informação e veja quais são os resultados. Se você obtiver resultados positivos e continuar sentindo-se bem, dê mais alguns passos.

Reveja o processo. Toda vez que receber informações precisas, aja baseado nelas e crie um resultado positivo. Você estará fortalecendo a sua intuição, criando um canal seguro para a sabedoria divina fluir até você, de forma fácil e sem esforço, sempre que precisar dela.

Seu diário intuitivo

Pratique o exercício anterior, por alguns minutos, todos os dias. Anote os assuntos para os quais você gostaria de contar com orientação divina. Continue formulando essas perguntas à sua intuição, uma de cada vez. É possível que a informação não faça sentido logo. Escreva toda orientação que receber e, depois de algum tempo, reveja as anotações e reflita sobre a precisão das mensagens. Pode ser que as respostas só façam sentido quando analisadas em retrospecto.

LIÇÃO 34

Criar uma vida de orações

Eu não tenho conseguido resolver alguns problemas em minha vida e venho tentando todas as técnicas que aprendi. Eu gostaria de demonstrar minha crença na força de Deus colocando esses assuntos em Suas divinas mãos. Ao fazer isso eu sei que a força divina, que é Deus, também estará em mim, e eu confio que esse ato irá me conduzir à solução de meus problemas.

— Wayne Dyer

O que significa "seja o que Deus quiser"? Eu me lembro que a primeira vez que ouvi essa expressão eu fiquei assustada. Parecia que eu estava perdendo todo o controle da situação. Eu pensava que teria que abrir mão de desempenhar qualquer papel na solução do *meu* problema. Caso eu realmente me rendesse e deixasse nas mãos de Deus, Ele e seus anjos reconheceriam meu esforço e diriam: "Ela finalmente desistiu! Dê a ela o que ela deseja!"

Todos nós temos algum desafio na vida que nos causa sofrimento ou preocupação. Pode ser a falta de um parceiro, um assunto de saúde ou de finanças, um problema com um amigo ou parente. Se essa questão já freqüenta sua vida há bastante tempo então, provavelmente, você já se preocupou, conversou, pediu conselhos e orientações de outras pessoas e fez de tudo para tentar resolvê-la. Funcionou? Em caso afirmativo, você pode pular para o outro capítulo!

Tente uma experiência na próxima semana. Nesse curto período de tempo, entregue suas preocupações a Deus. Você estará dizendo a Ele: "Eu tenho lutado e sofrido com este problema há tanto tempo e não sei mais o que fazer. Estou entregando em suas mãos e pedindo sua intervenção e sabedoria, de modo que eu possa ter paz e harmonia em minha vida."

O que você tem a fazer agora é se render e não ficar preocupado ou torturado. Pode ser que você fique preocupado de vez em quando. Então diga a si mesmo: "Eu já tentei de tudo e agora estou acreditando em Deus." Saiba que a sabedoria divina está fluindo através de você o tempo todo. Saiba que há uma fartura de amor, amparo, cuidado e saber trabalhando com você para encontrar uma solução. Enquanto pratica esse processo de rendição, preste atenção a qualquer idéia, pressentimento ou mudança de atitude que ocorrer. A resposta para o problema pode não vir da forma como você espera, mas com certeza virá.

Exercício intuitivo: relaxe envolto no amor e na luz

Relaxe em paz e feche seus olhos. Respire fundo e expire com um forte suspiro. Imagine o sol brilhando reluzente sobre você.

(pausa) Ele o preenche de calor e luz. (pausa) Permita que a luz penetre em seu corpo e o envolva. (pausa) Imagine que a luz o conecta com a sabedoria do Universo. (pausa) Inspire esse conhecimento sabendo que, estando conectado à sua mente, ele será parte de você. (pausa) Você agora tem acesso a essa intuição divina.

Relaxe e se interiorize ainda mais. Respire profundamente e se deixe ficar envolto nessa energia de luz e amor. Sua única função agora é sentir e estar presente. (pausa) Libere-se de todos os pensamentos enquanto se expõe ao fluxo universal de amor e luz.

Continue sentindo a luz e a conexão com a sabedoria divina pelo tempo que achar conveniente. Ao fim de sua meditação, confirme sua crença no poder do amor e da luz para transmitir idéias, esclarecer, promover curas em você e em todos que você mentalizar. Veja e sinta a luz trazendo conforto a você e a todos que estão à sua volta.

Caso você tenha uma preocupação, pense nela e formule uma pergunta. Espere com paciência e com esperança. Preste atenção aos seus sentimentos, a sensações corporais, pensamentos, palavras e imagens. Imagine-se deixando a solução de seu problema nas mãos de Deus. Você está se rendendo, acreditando que uma resolução virá da forma ideal e no tempo certo.

Ao terminar sua meditação, pense em tudo o que você tem a agradecer na vida. Professe que você está aberto à orientação divina hoje e nos próximos dias. Agradeça.

Seu diário intuitivo

Existe algum problema com o qual você vem lutando na tentativa de resolvê-lo há meses, há anos ou a vida toda? Os desafios constantes, que todos nós enfrentamos, referem-se a relacionamentos, saúde, dinheiro, família e carreira. Há algo que tira o seu sono? Esse é o problema que você deve deixar nas mãos de Deus.

Que problema você tem se esforçado para resolver?
Para você, o que significa "deixar nas mãos de Deus"?
Você está disposto a pedir ajuda a Deus?
Caso não esteja, o que o impede de fazer isso?
O que você está disposto a fazer?

Se você quer adotar a filosofia de "deixar nas mãos de Deus", tente este exercício:

Sempre que começar a se preocupar obsessivamente com alguma questão, diga: "Seja o que Deus quiser. Um poder maior está trabalhando para resolver este problema da melhor forma possível." Tão logo disser isso, pare de pensar no assunto, libere-o e mude o foco de sua atenção para algo mais agradável.

LIÇÃO 35

Cultivando uma atitude positiva

Nós somos o que pensamos. Tudo o que somos nasce com nossos pensamentos. Por meio deles criamos o mundo.

— Buda

Todos passamos por momentos na vida em que tudo parece dar errado. Você tenta prosseguir, mas acaba desistindo. É como se a vida estivesse conspirando contra você. Você se preocupa com dinheiro para pagar as contas, está ameaçado de ser mandado embora do emprego, seu carro faz barulhos estranhos (e provavelmente caros), e um de seus pais está doente. Você se sente sufocado.

Onde foi parar sua intuição nessa hora em que todos esses desastres estão acontecendo? Quem tem tempo ou vontade de sintonizar e ouvir a sabedoria interior durante uma crise? É durante esses períodos de estresse absoluto que você mais precisa que a orientação interior conduza sua vida de volta à paz e à tranqüilidade. Sua intuição ainda está lá, pronta e disposta a oferecer instruções, mas talvez você precise usar um outro tipo de habilidade para acessá-la.

O que você diz a si mesmo durante estes períodos extremamente estressantes pode fazer toda a diferença. Não estou sugerindo que você faça afirmações falsas e agradáveis. Não há nada pior do que dizer "estou feliz, abençoado e sereno", quando você não está. E dizer "eu vivo com fartura e tenho muito dinheiro", quando você mal tem o que comer, também não faz sentido.

Tente isto: pense em uma situação bem estressante. Agora feche os olhos e diga algumas vezes, com bastante intensidade, as seguintes frases: "Estou tão oprimido! O que posso fazer?" Então, pensando ainda na mesma situação, diga: "Estou aberto a novas possibilidades." Ou: "Eu sei que vou enxergar o melhor caminho para sair desta situação." Como se sente? Você notou que as primeiras frases fizeram você se sentir fechado e ansioso? Essas frases provavelmente o deixaram mais aberto e esperançoso, além de produzirem uma expectativa de mudanças positivas.

Sua intuição está sempre pronta para guiar você. Ela não o abandona quando você mais precisa. Ela não desaparece de sua vida quando sobrevém uma crise. Eu sei que de vez em quando parece que isso acontece. Nós sempre nos referimos à intuição como uma "voz interior, calma e serena". Eu gostaria que houvesse um botão para aumentar o volume dessa voz durante os momentos de crise. Nós vivemos experimentando uma cacofonia de outras vozes chamando a nossa atenção! As que ouvimos mais fortemente são aquelas que dizem: "Estou com medo. Estou oprimido. Estou sozinho. Me tire desta confusão!" Tente o seguinte exercício quando estiver passando por momentos difíceis:

Exercício intuitivo: palavras serenas nos momentos de nervosismo

Aqui estão algumas palavras que irão ajudar você a sentir-se calmo e aberto à orientação de que precisa durante os períodos de estresse. Fique à vontade para misturá-las e combiná-las como preferir. Algumas podem funcionar para você e outras não. Use aquelas que o façam sentir-se bem e repita-as no decorrer do dia. Fazendo isso, você ficará mais receptivo às orientações da intuição divina e mais capaz de agir pautado nas instruções que irão guiá-lo para uma solução pacífica do conflito que está vivendo.

"Eu sei que logo vou me sentir melhor."

"Estou sendo confortado."

"Estou seguro, cercado e protegido por uma sabedoria de amor."

"Eu confio em mim para sair desta situação. Eu sei que sou forte."

"O apoio está chegando de várias fontes. Estou aberto para receber qualquer assistência carinhosa."

"Eu sei que novas portas vão se abrir neste período de transição."

"Eu sei que tenho que me desprender das idéias antigas para que as novas possam surgir."

"Eu mereço uma vida harmoniosa, farta e cheia de possibilidades."

"Estou aberto e receptivo a novas fontes de fartura."

"Estou sendo guiado neste dia. Eu sei que farei as escolhas certas."

"Algo de bom vai emergir desta situação. Preciso ser paciente neste momento."

"Eu tenho controle sobre meus pensamentos e, neste momento, opto por sentir paz, e não medo."

"Estou a par dos novos caminhos. A situação vai melhorar."

"Estou disposto a dispensar pessoas e situações que drenam minha energia. Assim eu abrirei espaço para o amor e para a gentileza."

"Eu sei que o futuro oferece grandes oportunidades de crescimento e sucesso."

Você pode fazer lembretes com essas frases e prendê-los em locais que você olhe com freqüência. Prenda alguns, por exemplo, na parede em frente à sua mesa de trabalho, no espelho, em sua pasta, perto da cama ou na geladeira.

Seu diário intuitivo

Comprometa-se a fazer algumas anotações em seu diário todos os dias. Pode ser a última coisa que você queira fazer em um período estressante, mas é sempre a que mais ajuda. Escrever pode afastá-lo de seu padrão de abordagens e ajudá-lo a ver os fatos por uma nova perspectiva.

Qual das frases do exercício intuitivo mais se compatibilizou com você? Escreva-a em seu diário.

Que eventos bons ou positivos ocorreram hoje que poderiam refletir a veracidade da frase que você escolheu?

Que orientação você recebeu hoje que fez com que você se sentisse pronto para agir?

LIÇÃO 36

A conexão divina

Lembre-se de que é possível conhecer ou alcançar não importa o que seja em sua vida, desde que você esteja realmente disposto a acreditar que seus poderes divinos vão ajudá-lo. Você verá que os bons mestres aparecerão e que você será guiado na direção correta.

— Wayne Dyer

Eu acordei cedo esta manhã para escrever este capítulo sobre criação de uma conexão divina. Não consegui inspiração. O que haveria de relevante para dizer? Comecei a divagar e a fazer outras coisas. Ouvi as mensagens na secretária eletrônica. Tomei uma xícara de café. Comi um pêssego e fiz cópia de alguns artigos sobre o assunto. Liguei para uma amiga para dizer alô. Sentei na escrivaninha novamente. Humm... o que escrever? Ah! Preciso checar meu e-mail — essa é uma verdadeira diversão! Eu já havia digitado a senha quando uma mensagem brilhou na tela: VOCÊ FOI DESCONECTADA. Ah! Não seria perfeito se nossa orientação fosse sempre tão rápida, correta e direta no ponto?!

A mensagem que eu acabava de receber era de que eu não estava conectada com minha orientação interior para escrever este capítulo. Eu estava me permitindo ficar distraída com tudo e com todos à minha volta. Quantas vezes fazemos isso no dia-a-dia? Você poderia estar lendo a seção dos classificados no jornal local procurando um emprego ou tentando desesperadamente encontrar um outro lugar para morar, pois seu contrato está para terminar ou tentando imaginar como vai lidar com um colega de trabalho que está infernizando sua vida. Você certamente pode optar por cuidar de tudo sozinho ou pode lembrar de se conectar com o Universo e pedir ajuda e orientação. Você não está sozinho; a ajuda está sempre à mão.

Nós sabemos como é importante rezar e meditar. Torcemos para que você tenha ao menos alguns minutos por dia para, conscientemente, comungar com Deus, pedir orientação e luz e aproveitar da abundância de amor que o cerca e o preenche. E como é a sua vida fora desses momentos? O que você faz quando está cheio de dúvidas e se perguntando o tempo todo se escolheu o caminho certo? Você precisa estar em constante estado de meditação para ter uma vida bem-sucedida? A resposta é: Sim!

Não estou dizendo que você precisa ficar de joelhos implorando a Deus para realizar seus desejos, nem que você precisa sentar-se por horas em posição de ioga comungando com os espíritos. Santa Teresa d'Ávila escreveu: "Rezar é conversar com Deus como amigo." Quando você está em contato com sua intuição divina, você tem um canal aberto por onde flui o amor, a confiança, a inspiração, novas idéias e orientações.

O Universo comunica-se conosco de várias maneiras. Você só tem que manter as linhas de transmissão livres, conectando-se com seu guia interior toda vez que tiver uma dúvida, um problema ou uma pergunta. No filme *Guerra nas estrelas*, Obi-Wan Kenobi diz a Luke Skywalker: "A Força é um campo de energia criado por todas as coisas vivas. Ela nos cerca, penetra em nós e mantém a galáxia unida." Ele completa dizendo que a forma de conectar-se com a Força é "seguindo seus sentimentos". Ele está descrevendo um dos meios pelos quais acessamos o conhecimento divino.

As respostas estão sempre lá, prontas para serem utilizadas. Deus não é algo que possa ser ligado ou desligado. Seu amor e sabedoria estão em todo lugar, o tempo inteiro. Peça por instruções e as respostas começarão a fluir. Você vive em um Universo repleto de abundância e amor. Escolha aceitar esse Universo e sua vida começará a se desenvolver de forma milagrosa. Que a Força esteja com você.

Exercício intuitivo: conectando-se com o divino

Veja a seguir algumas formas de se conectar com sua intuição divina estando em meio a um dia agitado, sem tempo ou condições para uma meditação mais demorada.

Pergunte a si mesmo: "O que _______ faria?" Complete a lacuna com o nome de alguém que você admira — por exemplo, Jesus, Buda, um artista ou sua tia. Pode ser qualquer um que represente, para você, força interior e sabedoria.

Olhe para o céu e envie uma oração silenciosa para Deus dizendo essencialmente: "Me ajude! Eu preciso de sua presença e quero me conectar a você."

Feche os olhos por alguns momentos e visualize a solução que você deseja. Exercitando sua mente dessa maneira você estará apto a receber informações de sua intuição sobre como alcançar seu objetivo.

Sinta a conexão com o Universo da forma que lhe parecer mais adequada e diga a si mesmo: "Eu estou bem. Deus está comigo e podemos resolver isto." A escritora e sacerdotisa Mary Manin Morrissey conecta-se com Deus assim: "Deus, ajude-me a lembrar de pedir sua ajuda, em vez de tentar fazer tudo sozinha. Faça com que eu possa receber sua assistência, tanto por meio da voz calma e delicada da intuição, quanto por meio da colaboração de outros."

Encontre um lugar silencioso — o banheiro, o carro ou um escritório vazio —, feche os olhos e imagine-se inspirando o amor e a paz. Sinta sua conexão com o Divino. Imagine os anjos envolvendo-o com suas asas para confortá-lo, protegê-lo e guiá-lo.

Freqüentemente nos vemos tomados de medo e ansiedade, lutando contra algo que ainda nem aconteceu. "Será que vou conseguir pagar as contas?" "Será que vou ser demitido?" Olhe em volta por alguns minutos e focalize o momento presente. Pense em tudo que você tem para agradecer na vida.

Juntar as mãos, como em oração, é uma forma de se concentrar. É um gesto comum e não costuma ser notado pelas pessoas. Quando me sinto estressada ou ansiosa, faço esse gesto simbólico para me lembrar de permanecer calma e conectada a Deus.

Minha amiga Laura sugeriu uma técnica. Ela tem um aluno que vem agindo de forma irritadiça e agressiva. Ela respira fundo, sentindo a conexão com Deus. Ao expirar, ela olha diretamente para o estudante problemático e imagina que todo o amor, compaixão e carinho que sente está sendo enviado e recebido por ele. A situação a acalma imediatamente e ela ainda consegue usar o incidente como matéria de aula.

Muitas pessoas param o trabalho para tomar um cafezinho. Você pode parar para conversar com Deus. Tire alguns minutos para dar uma caminhada com a intenção de se conectar com o Universo, da forma que achar melhor. Sair do escritório para respirar o ar puro ou para sentir o sol em sua pele pode ser o suficiente para que você se lembre de Deus durante o resto do dia.

Seu diário intuitivo

O pior momento para se criar uma estratégia contra o estresse é justamente aquele em que você está estressado. Enquanto escreve em seu diário, desenvolva algumas idéias que poderão ajudá-lo a *manter* uma vida mais harmoniosa e pacífica.

Veja as sugestões do exercício anterior. Quais você considera que poderiam ser úteis em sua vida?

Liste três coisas que normalmente deixam você estressado.

De que forma você poderia se conectar com o Universo para ficar mais calmo e menos estressado diante delas?

LIÇÃO 37

A oportunidade que surge da crise

Quando uma porta de felicidade se fecha; abre-se outra.
Com freqüência, nós ficamos tanto tempo olhando
para a porta fechada que nem conseguimos enxergar
aquela que nos foi aberta.

— Helen Keller

Muitas pessoas já me contaram histórias tristes sobre injúrias, doenças, acidentes e quase desgraças. Elas sempre completam a história dizendo: "Eu deveria ter ouvido minha intuição." Isso já ocorreu com você? Você já ignorou alguma mensagem de sua intuição ou está ignorando neste momento?

Em geral, há um padrão para as mensagens intuitivas antes da explosão de uma crise.

Você se sente incomodado. Pode ser um desconforto físico ou simplesmente um sentimento de que algo está errado.

Sua intuição lhe diz para diminuir o ritmo, para falar com franqueza ou para promover alguma mudança. E você ignora essas mensagens.

Sua situação piora. Você sente que vai ficar gripado, sofre um pequeno acidente ou começa a discutir com todo mundo. Sente-se tenso e ansioso. Não consegue dormir direito.

As mensagens interiores indicam que é hora de uma mudança significativa. Você precisa reavaliar alguns aspectos de sua vida porque isso está criando um grande desconforto. É hora de tirar alguns dias de licença, escrever em seu diário, meditar, caminhar, ouvir seus sonhos, conversar com um amigo ou com um terapeuta.

Você continua a ignorar as mensagens. A crise eclode. Você sofre um acidente maior. Recebe o aviso prévio no emprego, descobre que seu cônjuge está tendo um caso. Seu médico informa que você está prestes a ter um problema de saúde grave. Sua vida está no rumo de um desastre maior.

Análise: sua intuição vem tentando restaurar o equilíbrio e a harmonia de sua vida. Ela vem dizendo baixinho, porém insistentemente, que é hora de uma mudança... AGORA! Ignorando as mensagens, você envereda por um caminho que mais cedo ou mais tarde vai *obrigá-lo* a fazer uma mudança.

Veja a situação vivida por minha cliente Beth. Ela me contou como seu carro foi abalroado numa pista de alta velocidade em uma auto-estrada estadual. O veículo ficou destruído e ela foi levada de ambulância para o hospital, com ferimentos graves no pescoço e nas costas e com um braço quebrado. Quando a encontrei, ela ainda usava suporte no pescoço. Suas primeiras palavras foram: “Eu sabia que algo estava para acontecer.”

Ela contou que sua vida estava cada vez mais estressante. Ela odiava seu emprego. Tinha um chefe que lhe exigia absurdos, fazia com que ela trabalhasse até tarde nos fins de semana e determinava prazos impossíveis de serem cumpridos. "Eu sabia que não havia meio de agradá-lo, no entanto, quanto mais exigente ele ficava, mais teimosa eu me tornava. Eu fazia coisas incríveis para provar a ele que eu era boa em minhas atribuições. Todos os meus poros gritavam que era hora de procurar outro emprego. Eu me sentia numa panela de pressão. O acidente nem me surpreendeu, de tão estressada e sem opções que eu me encontrava. E acabou me mostrando uma forma de sair daquela situação." Ela começou a chorar. "Eu devia ter ouvido minha intuição. Eu não teria passado por esses meses de sofrimento se eu tivesse agido de acordo com o que eu já sabia."

A chave para evitar desastres é capturar "as mensagens" logo que elas aparecem. A intuição não carrega uma grande placa avisando: "Um desastre está prestes a acontecer. Diminua imediatamente o ritmo!" Esses sinais de aviso não costumam ser mais altos que um sussurro. É a proverbial "voz calma e suave" que diz: "Você precisa passar mais tempo com sua esposa e seus filhos." "Você está colocando tudo em primeiro plano e não tem tempo para você." "Você acorda todos os dias odiando seu emprego. Precisa encontrar algo que o estimule." Você pode racionalizar e dizer "eu não tenho tempo", mas quando você não cria o seu tempo as crises começam a acontecer.

Beth ligou na semana passada para dizer que ela encontrou um novo emprego com um chefe maravilhoso. Ela adora ir para o trabalho diariamente. E conta: "Nunca mais eu ignoro as mensagens internas. Eu poderia ter tornado tudo bem mais fácil."

Exercício intuitivo: aprendendo a dar atenção aos avisos

1. **Recebendo a mensagem.** Já aconteceu de uma voz discreta em sua mente insistir em dizer: "Você tem que diminuir o ritmo." "Você precisa descansar." "Você está trabalhando demais." "Você precisa resolver isso agora?" E você optou por ignorar a voz? Você não deu importância às mensagens? Eu vejo que, se formos honestos, iremos admitir que sempre há uma mensagem intuitiva que ignoramos antes de uma crise. Pare um pouco e pense bem sobre alguma crise que tenha ocorrido em sua vida. Pode ter sido o fim de um relacionamento, um acidente, um emprego perdido ou uma doença séria.

2. **Avisos intuitivos.** A intuição sempre nos envia mensagens de várias maneiras. Você já teve sensações físicas desconfortáveis, como tensão nos ombros, dor de estômago crônica ou dores de cabeça e as ignorou?

Você já sentiu emoções fortes como raiva, inveja, ódio ou medo? Emoções negativas poderosas como essas são indicadores importantes de que algo está fora de equilíbrio em sua vida e precisa ser harmonizado.

Você já recebeu "avisos" em seus sonhos? Quando sua intuição não consegue contato durante as horas em que você está acordado, ela pode tentar atrair sua atenção durante suas horas de sono. Caso seu sono mude de repente, da serenidade normal para a agitação e a violência, é bom ficar atento. Sonhos que indicam ausência de controle, como não ser capaz de usar os freios do carro ou não ser capaz de se mover, podem representar uma mensagem de sua intuição. Esses pesadelos podem indicar a necessidade de maior controle, de maior atenção com a sua pessoa ou de mudança de atitude em relação a uma situação estressante em sua vida.

3. **Dando atenção às mensagens.** Você se lembra do que fez ao receber esses avisos? O que você faria diferente na próxima vez?

Seu diário intuitivo

Com que freqüência você diz "eu deveria ter ouvido minha intuição" ou "eu sabia que algo de ruim estava para acontecer"? Você pode saber exatamente o que deveria ter feito, mas não diminuiu o ritmo o suficiente para ouvir a sua voz interior, nem montou uma estratégia para mudar a situação. Aqui está sua chance de parar, olhar, escutar e responder!

Anote qualquer mensagem que você esteja recebendo agora em relação às seguintes áreas.

Relacionamento
Emprego/carreira
Espiritualidade
Família
Saúde
Amigos
Objetivos
Vida social
Diversão/entretenimento/prazer
Outros

Em relação a que áreas você está recebendo mensagens mais fortes?

O que você está disposto a fazer para melhorar esses campos da sua vida?

LIÇÃO 38

Poder do sonho

Os sonhos são minha bússola e minha verdade;
eles me guiam e me ligam ao divino.

— Judith Orloff

Muitas pessoas consideram que seus sonhos são a passagem para o saber intuitivo. Os sonhos podem nos ajudar a tomar decisões, resolver conflitos, explorar novos comportamentos e criar novas opções. Desde os tempos antigos, os sonhos têm sido usados para encontrar respostas para nossos questionamentos mais profundos.

Os sonhos nos transmitem imagens simbólicas, que são uma das formas primárias de comunicação intuitiva. Prestando atenção em seus sonhos, você pode receber instruções, poder e orientações claras acerca de seus objetivos de vida. Você passa cerca de um terço da vida dormindo, logo, por que não usar esse tempo em seu benefício?

Os especialistas divergem bastante quanto à interpretação do simbolismo dos sonhos. Um grupo prefere acreditar que existe apenas um significado absoluto para cada imagem simbólica. Outro grupo apóia a idéia de que a interpretação dos sonhos pode variar de um indivíduo para outro. Dessa forma, uma pessoa que sonhe com fogo pode achar que se trata de um sinal de perigo. Outra pessoa tendo um sonho similar, pode acreditar que o fogo está sinalizando fervor e romance.

Eu pertenço ao segundo grupo. Acredito que os sonhos o suprem com uma sabedoria valiosa provinda de sua alma e que você é a autoridade máxima para interpretar seus significados. O Dr. Brugh Joy, autor do livro *Joy's Way* e especialista em sonhos como instrumentos de transformação, afirma: "Os melhores analistas de sonhos são intuitivos." Segundo ele, quando você acerta na interpretação de um sonho você ouve um "zunido", uma sensação de que está sintonizado com o que o sonho está tentando comunicar.

Todos os pesquisadores dessa área concordam em um ponto: se você quer receber insights valiosos por meio de seus sonhos, você precisa de um método para se lembrar deles e anotá-los. Você já teve algum sonho tão vívido e intenso que fez com que você acordasse de um sono profundo? Na hora, você provavelmente pensou que não havia necessidade de anotar, pois nunca iria esquecê-lo. No entanto, ao amanhecer, a lembrança havia virado fumaça, uma memória distante de *algo* que você não conseguia recordar.

Existem muitos livros maravilhosos sobre sonhos e interpretação de sonhos. Procure-os, por favor, e estude o assunto, caso você ache que os sonhos constituem um caminho útil para receber orientação intuitiva.

Exercício intuitivo: sabedoria divina por meio dos sonhos

Veja a seguir um resumo simples sobre como receber orientação por meio dos sonhos.

Antes de deitar, escreva algumas frases sobre algo que esteja preocupando você.

Resuma o problema em uma pergunta e anote-a em seu diário. Faça uma pergunta curta, simples e direta. Você pode fazer perguntas com o final em aberto, tal como: "O que devo fazer agora em relação a este problema?" "Qual é a melhor opção para mim?" Caso esteja tentando decidir entre dois cursos de ação, pergunte apenas sobre uma alternativa. "Devo escolher a opção A"? em vez de "Devo escolher a opção A ou a B?"

Repita a pergunta em sua mente enquanto está tentando pegar no sono. Visualize-se acordando com a resposta. Alguns acham que é útil dizer frases afirmativas como: "Eu me lembro dos meus sonhos e eles me fornecem uma sábia orientação."

Escreva o que sonhou ou pelo menos algumas notas sobre o sonho no momento em que acordar.

A resposta para a pergunta formulada à noite pode ficar totalmente clara enquanto você está anotando o sonho. Caso não fique, não entre em desespero! Muitas vezes a resposta só surge em sua mente mais tarde, no decorrer do dia, quando você menos espera. Tente repetir o exercício nas noites seguintes para confirmar a resposta.

Acredite no processo. Fique atento aos insights. Aprender a usar e a interpretar os sonhos é uma habilidade como outra qualquer. E o bom é que você aprende dormindo. Quantas coisas você pode aprender dessa maneira?

Seu diário intuitivo

Ao lidar com seus sonhos você verá que certos símbolos se repetem. Use o diário para anotar os símbolos que parecem ser mais freqüentes, mais poderosos e que evocam sentimentos mais fortes. Explore então seus significados mais profundos.

Uma técnica bem simples é criar uma tabela de símbolos. Para cada símbolo recorrente, responda às seguintes perguntas:

1. Que sentimento você associa a esse símbolo?
2. Quando você visualiza a imagem, o que surge imediatamente em sua mente?
3. Existe algum trocadilho com a palavra associada a essa imagem? (por exemplo, brilho = filho; comer = sofrer; grama = fama)
4. Imagine que você é o símbolo que aparece no sonho, falando na primeira pessoa. Por exemplo, se o sonho envolve um pássaro em uma gaiola, ele pode estar dizendo: "Estou preso e confinado. Eu quero ser livre e voar." Isso pode dar algumas pistas sobre o significado da imagem.
5. Qual é a sua interpretação sobre o significado desse símbolo?

LIÇÃO 39

Como lidar com a indecisão

Quando você toma uma decisão, o Universo conspira para que ela se torne realidade.

— Ralph Waldo Emerson

É um verdadeiro inferno sentir-se preso a uma indecisão. Você acorda pela manhã certo de que fez a escolha correta, mas muda de opinião ao primeiro gole de café. "Este relacionamento vai melhorar ou será que devo sair fora agora para não sofrer mais depois?" "Será que devo aceitar esta nova oferta de trabalho ou esperar que oportunidades surjam no atual emprego?" Esse é o tipo de questionamento que pode manter você acordado até às duas da madrugada e infestar seu dia com sentimentos de intensa ansiedade.

No cerne de qualquer decisão está a necessidade de uma garantia de que a situação vai melhorar. Você quer saber o futuro e ter uma promessa firme do Universo de que você será mais feliz, saudável e bem-sucedido se fizer a escolha certa.

É tentador "não decidir" e deixar que o destino resolva tudo. Entretanto, "não decidir" já é, por si só, uma decisão e você merece fazer uma escolha positiva de modo a poder criar a vida que você ama.

Qual é o papel da intuição neste infindável jogo de "Será que devo, será que não devo?". É um papel fundamental! Como é explicado no exercício intuitivo deste capítulo, quando você presta atenção à sua intuição, ela oferece instruções detalhadas para a tomada dessas importantes decisões.

Será preciso coragem para fazer essas mudanças? Sim! Coragem é fazer o que você tem medo de fazer e todo mundo experimenta essa sensação de medo antes de assumir um risco. Será preciso mais do que um pouco de fé? Sim! Você está agindo para conseguir algo melhor e ajudaria ter um pouco de fé em si próprio, assim como um pouco de fé em um poder superior que dará assistência. "Você terá que se lançar no ar, acreditando que a rede de segurança vai estar lá!", como ilustrou a escritora Julia Cameron.

Muitas pessoas esperam que as condições estejam perfeitas para decidir. Só que elas nunca estão! Sempre haverá dificuldades, desafios e obstáculos. Eu tenho visto que a cada passo que você dá, o Universo expande suas opções. Portas que você pensava estarem fechadas começam a se abrir. Quando você toma uma decisão você se coloca. Você diz ao Universo o que realmente quer e como disse Emerson: "O Universo conspira para que ela se torne realidade."

Exercício intuitivo: tomando boas decisões

Há muitas maneiras de receber orientação intuitiva quando se está para tomar uma decisão. Nenhuma delas é a "maneira certa". Seu sucesso virá à medida que você entender e desenvolver a *sua* maneira certa.

Escreva várias frases sobre algo que você tenha que decidir.

Para o propósito deste exercício crie duas opções para o problema e escreva-as assim:

Opção A:

Opção B:

Imagine-se escolhendo a opção A. Feche os olhos e formule as perguntas a seguir para você mesmo. Depois repita o exercício decidindo-se pela opção B.

"Como eu me sinto em relação a esta decisão?"

Decisão acertada: você se sente alegre e entusiasmado.

Decisão errada: você se sente triste e deprimido.

"Como eu sinto esta decisão em meu corpo?"

Decisão acertada: você sente leveza, receptividade ou flexibilidade.

Decisão errada: seu estômago dói ou seus ombros ficam tensos com a perspectiva de insistir nessa escolha.

Alguma palavra surge em sua mente quando pensa nessa opção?

Decisão acertada: você ouve palavras como "Isso mesmo!" ou "Vai fundo!".

Decisão errada: você ouve palavras como "Não prossiga!" ou "Isto não vai dar certo!".

Você recebe alguma impressão visual quando pensa sobre essa decisão?

Decisão acertada: imagens positivas ou otimistas permeiam a representação simbólica dessa decisão.

Decisão errada: você vê um "X" na decisão, ou outras imagens negativas.

Depois de feito este exercício, que opção sua intuição indica?

Seu diário intuitivo

Você odeia tomar decisões? Talvez você tema cometer um erro, largando sua zona de segurança ou fazendo mudanças irreparáveis em sua vida. Ou talvez você tenha um modo de decidir semelhante ao de Marilyn Monroe, que disse certa vez: "Já perceberam que a decisão certa é sempre 'mas que diabos'!" Se você quer um plano melhor que este, escreva em seu diário as respostas para as perguntas abaixo.

> Pense em uma grande decisão que você já tenha tomado. Descreva-a.
>
> Ao lembrar-se dela, você pensa que foi uma decisão certa ou errada?
>
> Você deu atenção à sua intuição ao tomar essa decisão?
>
> O resultado saiu como você queria?
>
> O que você gostaria de ter feito de forma diferente?
>
> Que parte do processo de decisão funcionou bem para você?
>
> Revendo suas anotações, o que você aprendeu com essa decisão que poderia ser utilizado em suas decisões atuais?

LIÇÃO 40

Coragem para prosseguir

Há pessoas que guardam seus sonhos em uma pequena caixa e dizem: "Eu tenho sonhos, é claro que eu tenho sonhos." Então elas escondem a caixa e a pegam de vez em quando para olhar dentro dela e constatar que eles ainda estão lá. São belos sonhos, mas que nunca vão sair da caixa. É preciso muita coragem para expor seus sonhos...

— Erma Bombeck

Já aconteceu de você ansiar muito por algo, dar passos corajosos para consegui-lo e fracassar na empreitada? Recentemente, eu conheci uma jovem bastante deprimida. Ela falava sobre seus sonhos e esperanças no tempo passado. "Eu tentei ser atriz mas não deu certo." "Eu quis iniciar meu próprio negócio, mas não tive sorte." "Eu pretendia me casar, mas não sobrou nenhum sujeito legal por aí." Aos 26 anos, ela havia colocado seus sonhos em uma caixa e desistido da vida. A perseverança e a coragem são ferramentas importantes quando você pretende seguir sua intuição.

Quando está aborrecido, deprimido e nervoso, você está ouvindo a voz da sua intuição. A mensagem é "uma mudança é necessária!". Quando está entusiasmado ou mesmo levemente interessado em algo, você está ouvindo a voz de sua intuição. A mensagem é "dê alguns passos para conquistar esse sonho". Qual foi a mensagem quando você tentou e fracassou? "Levanta, sacode a poeira, continue a ouvir sua intuição e retorne ao caminho certo." Uma curva na estrada não é o fim da estrada, a menos que você não consiga fazer a curva.

Todos nós queremos ser bem-sucedidos. Ninguém quer fracassar. Entretanto, a maioria das pessoas, que aparentemente conquistaram o sucesso do dia para a noite, levaram um tempo enorme para chegar lá. E tiveram que ajustar o curso muitas vezes. Joey Green contou em seu livro *The Road to Success Is Paved with Failure* que:

> Rosie O'Donnell largou o Boston College depois que um professor de teatro disse que ela nunca seria uma boa atriz.
>
> Jay Leno candidatou-se a um emprego na loja de departamentos Woolworth e não foi aceito.
>
> Marilyn Monroe foi demitida pela Twentieth Century-Fox porque o chefe de produção, Darryl Zanuck, não a considerava atraente.
>
> Thomas Edison foi demitido de seu trabalho de telegrafista depois que uma de suas experiências químicas explodiu.
>
> Orville Wright foi expulso da sexta série por "comportamento nocivo".
>
> A primeira empresa de produção de desenhos animados de Walt Disney fracassou.
>
> Jerry Seinfeld vendia lâmpadas pelo telefone.

> Madonna vendia rosquinhas em uma loja na Times Square.
>
> John F. Kennedy perdeu a eleição para presidente de sua turma de calouros na Universidade de Harvard.
>
> O primeiro romance de John Grisham, *Tempo de matar* foi rejeitado por dezesseis agentes e por uma dúzia de editoras.

Falhar é assustador. O perigo de falhar, no entanto, não está no ato de falhar em si. Está no que você se diz sobre a aparente derrota. Feche os olhos e diga: "Acabou. Eu nunca serei bem-sucedido. Nada dá certo comigo." Como você se sente? Bastante abatido e sem esperanças, não é? O fracasso, porém, é apenas uma constatação de que "desta forma não dá certo". Daí a sua primeira reação ser tão importante. Agora, feche os olhos e diga: "Eu ainda acredito em mim e nos meus sonhos. Eu confio que minha intuição vai me mostrar um caminho novo que aponte para o sucesso." Sente-se melhor, não é? (Encontre as palavras que funcionem melhor para você.) Na segunda opção, você se abriu para acessar orientação, esperança, novas idéias e possibilidades.

Todo mundo tem um sonho ou um objetivo na vida. Pense sobre seu sonho agora. Existe algo que você não tente por medo de fracassar? Muitas dessas batalhas são travadas dentro de sua cabeça. Já disseram que nós não temos nada a temer além do próprio medo. Quando você se rende ao medo e pára de tentar, você sofre a pior conseqüência do medo — a falta de sucesso!

Em meu trabalho como consultora de intuição, eu sempre incito as pessoas a determinarem metas que as encorajem a ampliar sua zona de segurança. Eu peço que elas esqueçam o que "deveriam" fazer e imaginem metas que as fariam sentir-se melhor. Peço também que elas façam planos para cumprir as metas em três meses, seis meses, um ano ou cinco anos. Se você não alcançou a meta determinada durante o período de tempo que se propôs, mude a abordagem. Em vez de pensar "Eu não alcancei minha meta financeira este ano, que fracasso!", mude seu foco e peça ajuda à sua intuição: "O que preciso fazer agora para alcançar minha meta?" Seja educado e gentil consigo mesmo. Você não tem que ficar paralisado ou se castigar com intermináveis recriminações. Aonde isso poderia levar? Na maioria das vezes, você consegue se erguer, fazer alguns ajustes e seguir adiante.

Quando estou trabalhando com meus clientes, eu sempre ouço minha própria voz interior sussurrando: "Diga a eles que tenham coragem e tentem novamente." Seu passado não justifica o futuro. O fracasso de ontem não é uma previsão sobre o que vai acontecer em sua próxima tentativa. Você é uma pessoa diferente do que era cinco anos atrás. Nada é um completo fracasso se você aprendeu algo com a experiência. As coisas não saem sempre como você planejou. Pense sobre esses reveses temporários como a forma que Deus encontrou para ajudá-lo a "fortalecer as partes quebradas", como disse Ernest Hemingway.

Exercício intuitivo: caminhando na direção do sucesso

Veja este plano para conquistar seus objetivos agindo em harmonia com sua intuição:

Concentre-se no objetivo. Quando imagina um dia, uma semana, um mês ou um ano perfeito, como é sua vida?

Desenvolva um plano. Que pequenos passos você poderia dar para guiá-lo na direção do que você deseja? Lao-tzu disse: "Uma jornada de mil milhas começa com o primeiro passo." Dê esse primeiro passo e, só depois, dê outro.

Caso você saia do rumo, esteja pronto para mudar. Por que insistir nesse curso? Se um caminho não está dando certo para você, tente outro. Muitas vezes, o caminho para o sucesso é encontrado quando se pega um atalho.

Cultive uma atitude de sucesso. O sucesso o está esperando — sinta-o, veja-o, imagine-o vividamente, divirta-se e agarre-o.

Não insista no que já passou. Coloque sua energia e sua força mental no que você quer conseguir.

Olhe para frente e não para trás. Pergunte-se: "Como verei esta situação daqui a seis meses?" Focalize o que você tem capacidade de fazer, em vez de ficar lutando com um aparente fracasso.

Como saber que está sendo bem-sucedido? O sucesso não é um destino; é uma jornada. Confira esta lista:

Você está feliz com o que conseguiu?

Seu relacionamento com amigos, conhecidos e familiares ficaram fortalecidos com seu sucesso?

Você está orgulhoso do que conseguiu até agora?

No processo de conquistar seu objetivo, você está desenvolvendo bondade, respeito próprio, coragem, compaixão, paciência, amor e esperança?

Você sente que tem mais controle de sua vida?

Você é capaz de trocar os pensamentos negativos por outros mais positivos e úteis?

Sua vida espiritual foi desenvolvida durante o processo de conquista de seu objetivo?

Você está ajudando a outros?

Você está mais autoconfiante e certo de suas capacidades em decorrência do processo de conquista do sonho?

Você continua tentando ampliar sua zona de segurança?

Você se dispõe facilmente a mudar o curso de sua jornada se as coisas não estiverem dando certo?

Você tem ouvido a sua intuição e seguido seus conselhos?

Se você respondeu sim à maioria, ou a todas as perguntas, então você é um sucesso!

Seu diário intuitivo

Quando você se empenha realmente em um projeto e os acontecimentos não seguem o rumo desejado, não é fácil voltar atrás e avaliar a situação. Há algo que pareça destinado ao fracasso em sua vida? As perguntas seguintes vão ajudá-lo a colocar a situação em perspectiva.

O que você pôde aprender com esta experiência?
O que você está fazendo certo?
Que resultado seria um sucesso para você?

Quando foi que as coisas começaram a dar errado?
O que você gostaria de ter feito de forma diferente?
O que sua intuição está lhe dizendo para fazer em relação a essa situação?

Após responder a essas questões, pense se há uma abordagem diferente possível para o seu projeto. Dependendo do assunto, você pode ter muitas opções, como:

Desistir.
Persistir.
Mudar os planos.
Colocar o projeto de lado por um tempo.
Tentar algo novo.
Pedir conselhos a alguém que obteve sucesso em um empreendimento parecido.
Trabalhar apenas meio período nesse projeto.
Discutir a situação com outras pessoas que estejam envolvidas.

Qual dessas opções parece mais acertada para você? Você pode escolher mais de uma ou sua intuição ainda pode presenteá-lo com outras opções. Acredite em seu instinto!

LIÇÃO 41

Apegue-se à fé

Dê o primeiro passo apoiado na fé.
Você não tem que estar enxergando toda a escada,
suba apenas o primeiro degrau.

— Dr. Martin Luther King Jr.

Um dos grandes desafios enfrentados por muitos de meus clientes é que eles se convencem de desistir de suas esperanças e sonhos, antes mesmo de começarem a tentar. Eles fazem isso porque sequer conseguem saber aonde querem chegar. Eu gostaria de propor uma alternativa radical. Não tente imaginar *como* conseguir seu objetivo; deixe que o Universo ajude você.

Veja minha teoria: quando você tem um desejo forte ou um objetivo, você irradia uma energia vibracional que o Universo tenta igualar. Em outras palavras, ele quer ajudar você a conquistar seu objetivo. Sua função agora é esclarecer esse objetivo, parar de pensar no que você não quer e dar pequenos passos, todos os dias, na direção do que o deixa entusiasmado. Esse entusiasmo é um sinal de sua intuição. Visualize, confirme, sinta e imagine um resultado de sucesso.

O Universo sabe como fazer seus sonhos se realizarem. Pense nele como uma espécie de inteligência divina que possui o talento necessário para criar o conjunto exato de circunstâncias de que você necessita para transformar seu sonho em realidade. Toda sua lógica e inteligência não serão suficientes para pavimentar o caminho até sua meta tão facilmente quanto o Universo faz. Deixe a inteligência divina fazer o seu trabalho e orquestrar todas as sincronias, coincidências e circunstâncias necessárias para que você crie a vida que você quer.

Em meu livro *Divine Intuition*, eu conto como comecei meu negócio de consultas psíquicas. Veja a versão abreviada:

Eu era gerente de operações de uma pequena empresa de softwares. Eu odiava aquilo e sonhava em ter meu próprio negócio. Depois de freqüentar algumas aulas sobre desenvolvimento de habilidades psíquicas, descobri que tinha talento natural para essa área. Minha grande preocupação era: "Como desenvolver um negócio de consultas psíquicas.?" Eu brincava dizendo que se Deus anunciasse "precisa-se de consultas psíquicas" nos classificados de emprego do *Boston Sunday Globe*, eu me candidataria. Tirando essa opção, eu não sabia como começar. Decidi então praticar minhas recém-descobertas ferramentas de afirmação e visualização para pedir ajuda ao Universo.

Após um mês nesse processo, uma amiga minha, que já estava doente há muito tempo, morreu. Quando entrei na sala onde estava ocorrendo seu velório, senti uma inclinação intuitiva forte para sentar-me próximo a uma mulher que eu nunca tinha visto antes. Eu questionei rapidamente minhas razões para sentar naquele lugar, uma vez que havia na sala algumas pessoas que eu conhecia e das quais poderia receber apoio emocional.

Ao fim do velório, a mulher e eu começamos a conversar e ela me perguntou o que eu fazia. Sabe aqueles momentos em que seu cérebro não segue a sua boca? Apesar de ter um emprego de gerente de operações, eu respondi: "Eu sou sensitiva." Fiquei alarmada! Por que eu havia respondido aquilo? O que ela iria pensar!? Eu já havia feito consultas para algumas amigas e para amigas de minhas amigas, mas nunca tinha definido minha carreira daquele jeito! Fiquei atrapalhada com aquela resposta, mas para minha surpresa ela era jornalista do *Boston Globe* e disse que adoraria marcar uma consulta, de forma a poder escrever sobre o assunto em sua coluna.

Resumindo: ela escreveu a matéria e, nos meses seguintes, cerca de quatrocentas pessoas me ligaram marcando consultas. E esta, a meu ver, é a moral da história: o Universo manobrou para criar um negócio de consultas psíquicas em horário integral, praticamente da noite para o dia. Eu nunca conseguiria aquilo se tivesse feito a abordagem mais razoável, passo a passo. Nos últimos 25 anos, eu tenho visto esse processo ocorrer de forma continua em minha vida e na vida dos meus clientes. Eu acredito na existência de uma inteligência divina que trabalha com cada um de nós ajudando a criar a vida que amamos. No exercício intuitivo que se segue, você aprenderá os passos necessários para ajudar o Universo a ajudar você.

Exercício intuitivo: o que você realmente quer?

Eu vou pedir para que você faça algumas coisas baseando-se unicamente na fé. Tente colocar de lado sua inclinação natural para pensar de forma lógica. Vejamos alguns conceitos:

Existe uma inteligência divina que quer que você seja bem-sucedido. Ela quer que você fique feliz com sua vida e com seu modo de viver. Ela espera que você faça tudo de que você gosta, pois essa é parte de sua missão na Terra. Não importa qual seja essa missão: ser um bom pai ou uma boa mãe, uma grande dançarina, um mago das finanças, um atleta super-inspirado ou um filósofo muito complexo. Essa inteligência quer que você seja bem-sucedido e vai fazer tudo para que isso aconteça.

Reserve algum tempo, todos os dias, para visualizar e afirmar suas intenções. Fazendo isso você estará adicionando poder à energia vibracional que irá atrair sua meta. Seus sentimentos e emoções são parte importante nesse processo. Como é a sensação de ter o que você quer? Use o poder de suas emoções enquanto visualiza.

Você precisará trabalhar duro para manter seu foco longe do que você não quer e concentrar-se em seu objetivo. Aprenda a redirecionar seus pensamentos. Quando sentir que está insistindo em pensamentos negativos ou pessimistas, mude o foco para o que você quer.

Dê, a cada dia, pelo menos um passo na direção do que o entusiasma. Inscreva-se em um curso, compareça a uma palestra informativa, associe-se a um clube ou grupo, escreva um artigo, dê alguns telefonemas ou envie um e-mail. Seu entusiasmo é uma mensagem de sua intuição acerca do próximo passo a ser dado. Seja qual for ele — vá em frente!

Sua meta poderia ser a de desfrutar do processo. Aprenda a ser grato por tudo o que você tem. Ao se movimentar na direção da solução desejada, você verá surgir novos objetivos. Isso é normal e é assim que deve ser. Lembre-se de se divertir!

Seu diário intuitivo

Seguir sua intuição não tem que ser um processo que lhe tome todo o tempo. Todas as manhãs, antes de levantar da cama, tire um ou dois minutos para responder às seguintes perguntas:

> O que você pretende fazer hoje que seja agradável e que o aproxime do seu objetivo?
>
> Que novas idéias sobre seu sonho surgiram em sua mente desde ontem?
>
> Quais os passos que você está disposto a dar no dia de hoje em relação ao seu objetivo?
>
> Que pensamentos ou idéias você teve após praticar suas visualizações e afirmações?

Muitas pessoas acordam com idéias e pensamentos frescos. (Para outras, eles só vêm após uma boa xícara de café!) Caso a manhã seja um período de clareza para você, tire vantagem disso prestando atenção a qualquer informação intuitiva que possa aparecer nesse período. Caso você seja uma pessoa que pensa melhor à noite, tente a meditação antes de ir para a cama e peça por um insight divino.

LIÇÃO 42

O propósito de sua vida

Eu descobri que as pessoas não têm muito medo de morrer; elas temem mesmo é nunca ter vivido, nunca ter considerado seriamente o propósito maior de suas vidas, e não ter trabalhado para esse propósito, nem ao menos tentado fazer a diferença neste mundo.

— Joseph Jaworski

Você vem para esta vida na Terra com talentos e intenções específicos. Por meio de sua intuição, você começa a entender e a usar esses dons. Você chega com uma atribuição ou, se preferir, com um propósito. Pode ser a tarefa de formar uma família, montar um negócio, comunicar suas idéias como professor, ser um líder em sua comunidade. Pode ser que você tenha uma tarefa difícil, como elevar o nível de comunicação construtiva entre países rivais ou despertar a consciência de amor e perdão em um segmento da população. Seja qual for o propósito de sua alma, sua intuição divina proverá orientação e experiências de vida que o prepararão para desempenhá-lo.

Muitas pessoas consideram que seu propósito de vida é seguir uma carreira ou obter um emprego. Às vezes, nosso propósito não é *algo* que temos que fazer, mas uma qualidade que precisamos desenvolver de maneira que nossa alma possa se desenvolver e partir para um nível melhor. Com uma incapacidade física, você pode aprender a deixar que os outros o ajudem ou, em vez disso, aprender a confiar em si mesmo. Você pode ter crescido em um lar onde o maltratavam e aprendido a ser compreensivo e a perdoar. Em muitas sessões com clientes, eu consigo sentir a qualidade que eles vieram desenvolver, tais como resignação, paciência e coragem.

A seguir, estão algumas lições comuns de vida. Não tenho a intenção de fazer uma lista abrangente de propósitos de vida, mas apresentar uma visão geral das possibilidades. Enquanto as lê, veja se você se identifica com alguma. O propósito de sua vida pode ser:

Reatar relacionamento com alguém ou com um grupo de indivíduos.

Desenvolver uma característica específica, como, por exemplo, o amor, o perdão, a esperança, a compaixão, a paciência, a coragem ou a fé.

Inventar um serviço ou produto que vá ajudar ou socorrer a humanidade.

Criar obras de arte e beleza para ajudar a curar a alma de seus semelhantes.

Abrir seu coração após uma experiência de perda e ser um modelo para ajudar os outros a fazerem o mesmo.

Demonstrar coragem, integridade ou honestidade durante uma dificuldade pessoal ou profissional.

Promover uma comunicação aberta e sem preconceitos na família, na vizinhança, no trabalho ou mesmo no mundo.

Ajudar no desenvolvimento espiritual das pessoas.

Formar uma família unida que apóie o seu propósito de vida, o de seu marido e o de seus filhos.

Livrar-se do medo, das preocupações e da ansiedade e transformá-los em qualidades como o amor, a paciência e a fé.

Quando você descobre seu propósito de vida, você libera uma fonte de poder que o habilita a conquistar seus objetivos de modo mais fácil e efetivo. Susan Jeffers, autora de *Tenha medo... e siga em frente*, escreveu: "Nós nos tornamos poderosos diante de nossos medos, quando notamos que fazemos diferença neste mundo." À medida que seu propósito na vida evolui, aumentam sua clareza, sua energia e sua abundância.

Exercício intuitivo: descobrindo seu propósito na vida

Caso você não saiba qual é o seu propósito na vida, este exercício é para você.

Quais são suas três maiores qualidades? (Por exemplo: "Sou um amigo leal." "Sou paciente, amável e inspirador para outras pessoas.")

Quais são as áreas de sua vida em que você tem mais dificuldades? (Por exemplo: "Eu não sou bom em falar de meus sentimentos." "Eu não sou muito paciente." "Tenho muito medo de arriscar.")

Liste tudo o que você gosta de fazer e, depois, escreva por quê. (Por exemplo: "Eu gosto de estudar sobre cuidados de saúde, porque assim posso contribuir para que outras pessoas se sintam bem." "Eu gosto de cozinhar, porque gosto de receber meus amigos e de fazer comidas saudáveis para a minha família." "Eu gosto de escrever, porque assim posso transmitir minha mensagem para uma porção de gente.")

Quais qualidades você gostaria de desenvolver? (Por exemplo: "Eu gostaria de ser mais extrovertido". "Eu gostaria de rir mais e de ser menos sério." "Eu gostaria de ser uma pessoa mais amável.")

Depois de completar esse exercício, preencha as lacunas nas frases a seguir. Apresente a resposta como vier à sua mente. Não pense muito; deixe que sua intuição guie você.

Eu vim a esta vida para aprender a ________________.

Eu também estou aqui para desenvolver minha ________.

Eu nasci com os seguintes talentos (possíveis qualidades e características): ________________________________.

Eu tenho habilidade para ________________________

____

Eu acredito que meu propósito na vida é ____________

e ____.

Após completar o exercício, descubra como você poderia utilizar essas informações. Talvez as respostas possam ajudá-lo a desenvolver uma qualidade específica, a renovar sua paixão por uma causa ou, simplesmente, a ter mais coragem ao encarar um período de desafio em sua vida.

Seu diário intuitivo

Muitos livros já foram escritos sobre o tema "propósito na vida". Minha esperança é de que este capítulo possa, pelo menos, fornecer algum alimento para a mente. Veja mais algumas questões para lançar em seu diário:

> O que você descobriu sobre si mesmo após completar a lição e o exercício anteriores?
>
> Do que você acha que precisa para se conhecer mais?
>
> Que novas habilidades você gostaria de aprender para realçar o propósito de sua vida?
>
> O que o tem deixado entusiasmado na vida?
>
> O que você gostaria de mudar no mundo?

Lembre-se que o seu propósito na vida não precisa ser um projeto ou um empreendimento grandioso. Pode ser uma qualidade a desenvolver ou um dom a compartilhar com seu semelhante. Ouça a sua voz interior calma e suave e permita que ela lhe mostre o seu propósito na vida.

LIÇÃO 43

Mude suas crenças e mude de vida

O que vemos no exterior nada mais é do que reflexo do interior, porque nos protegemos com imagens de nossas crenças. Em outras palavras, em geral, o que manifestamos é aquilo em que realmente pensamos e acreditamos. Logo, se quisermos descobrir como são nossos verdadeiros pensamentos, temos que olhar em volta e nos perguntar o que, na realidade, vemos.

— Emmet Fox

Quando comecei com esta atividade, muitos anos atrás, eu oferecia a meus clientes uma "consulta psíquica" bastante tradicional. Eu lhes dizia como via o futuro deles. Uma consulta tradicional encerra a filosofia de que o futuro está gravado em uma pedra e você não pode mudá-lo. Seu destino estaria selado por alguma força desconhecida — Deus, carma ou sina. Depois de muitos anos, eu comecei a duvidar dessa suposição. Eu comecei a fazer interpretações das crenças das pessoas.

Eu passei a ver que o que meus clientes tinham em mente ou aquilo em que acreditavam, determinava o que ocorria na vida deles. Suas crenças criavam o seu futuro. Isso representou um grande dilema para mim. Eu não podia apenas dizer a um cliente: "É isso o que eu vejo para você." Passei a dizer-lhes como eles estavam criando suas vidas e tudo o que acontecia nelas.

Descobrir e corrigir crenças limitantes é essencial se você quer criar a vida que ama. Veja alguns exemplos dessas crenças.

> Viver é difícil e sofrer é inevitável.
>
> Eu nunca vou para frente.
>
> Nasci sem sorte.
>
> O que é bom dura pouco.
>
> Se algo bom acontece é porque algo ruim virá em seguida.
>
> Você tem que trabalhar duro todos os dias para ser bem-sucedido.
>
> Esta é minha sina. Não há como mudá-la.
>
> O dinheiro não vem fácil.
>
> Os ricos ficam cada vez mais ricos, e os pobres cada vez mais pobres.
>
> Ao ficar velho, inevitavelmente você fica doente, fraco e debilitado.
>
> Não há o bastante para se correr atrás.
>
> Eu fiz algo ruim em outra vida e estou pagando por isso agora.

Muitas pessoas têm crenças individuais que prejudicam sua habilidade para criar a vida que elas amam. Veja alguns exemplos do que eu chamo de tirania do "não o bastante": "Eu não sou inteligente *o bastante.*" "Eu não sou instruído *o bastante.*" "Eu não sou magro *o bastante.*" "Eu não sou velho (ou jovem) *o bastante.*" "Eu não sou rico *o bastante.*"

Só de escrever todas essas limitações eu fico deprimida! O mais grave é que se você de fato acreditar em qualquer uma dessas crenças limitantes, você terá dificuldade para criar a vida que você ama. Daí porque simples afirmações não resolvem sempre. Se você repete a afirmação "eu sou saudável", mas acredita que, ao envelhecer, se tornará cronicamente doente e fraco, você alimenta uma forte crença oposta; assim, suas afirmações não vão funcionar.

Você pode até receber orientação inteligente a todo momento, mas se mantiver essas crenças negativas, a orientação não será bem-sucedida. Você não estará acessível a uma simples intuição destinada a conduzi-lo. Suponha que você queira começar um negócio para fazer algo que você adora. Você está entusiasmado e começa a obter algum sucesso, mas ainda tem uma crença arraigada de que "não pode confiar nas pessoas, porque elas estão prontas para passar a perna em você." O que acha que vai acabar criando? Um empregado que o rouba? Um contador que desvia os lucros de sua empresa? Ou quem sabe um cliente que se recuse a pagar por seus produtos?

Exercício intuitivo: o processo de elaboração da crença

Então, como começar a mudar uma crença arraigada? Primeiro é necessário ter consciência dessa crença. Ela não é inconsciente ou invisível como alguns pensam. Temos aqui umas perguntas para você:

Há alguma situação que se repita continuamente em sua vida? Por exemplo:

A. Relaciona-se com pessoas que o traem.
B. Desentende-se com freqüência com pessoas autoritárias.
C. É sempre negligenciado nas promoções do trabalho.

Pergunte-se: "Quais crenças eu alimento que podem estar causando esta situação crônica?"

Nos exemplos anteriores, uma pessoa que tenha o problema "A" pode estar alimentando a crença de que "não se pode confiar nos homens (ou nas mulheres)". Pode ser que a pessoa com o problema "B" acredite firmemente em sua deficiência de talento ou de instrução. Logo, ela precisa "provar que está certa", entrando em conflitos constantes com figuras autoritárias. A pessoa com o problema "C" pode pensar que "nunca vai dar certo, pois essa é sua sina".

Pergunte-se: "Será que esta crença é um fato ou uma percepção?" Veja bem, você cria situações complicadas na vida porque alimenta crenças arraigadas sobre um assunto. *Suas crenças vão parecer verdade*. O mundo ao seu redor fortalece sua crença. Parte do trabalho de se libertar de uma crença que não o está ajudando é começar a vê-la como uma percepção que você tem acerca da vida. É possível mudar uma percepção. Se você se dispuser a fazer isso, promoverá uma profunda mudança em sua vida.

Será que estou disposto a mudar minha crença? Em caso afirmativo, vou substituí-la pelo quê?

Que resultado você quer criar? Mudar uma crença arraigada não é simples como fazer afirmações. Comece com os pequenos passos. Sua tarefa neste momento é acolher a idéia de que o que você deseja criar é possível. É comum as pessoas ao fazerem afirmações darem saltos muito grandes. Se você está atolado com a dívida do cartão de crédito e está tentando acreditar que consegue se livrar dela, dizer "eu tenho uma fartura de dinheiro" provavelmente não vai resolver.

Diga então: eu acredito que é possível ter...

> ...dinheiro suficiente.
> ...um bom relacionamento com meus filhos.
> ...um corpo saudável.
> ...um parceiro amoroso.
> ...um relacionamento feliz com as pessoas.
> ...o trabalho de que eu gosto.

O que *você* quer? Peça ajuda à sua intuição. Pense nela como seu "animador pessoal". Ela o acompanha desde que você nasceu, enviando mensagens encorajadoras como: "Você merece. Corra riscos para ter o que você quer. Conte comigo. Por que você não age de determinada maneira? Deixe-me ajudá-lo." Ela tem se comunicado com você por meio de imagens, sonhos, palavras, idéias que surgem em sua cabeça, sensações físicas e indução mental. Você pode imaginar como é difícil para a sua intuição ajudá-lo quando você tenta se convencer de que "não merece, de que nada de bom acontece com você"? Disponha-se a modificar essas idéias e se abra para a possibilidade de que sua vida pode ser diferente. Eu garanto que seu sistema de orientação intuitiva irá responder com muito entusiasmo e sua vida vai começar a mudar para melhor. Quando você muda suas crenças e se permite acreditar que pode ter uma vida diferente, você libera um canal de encorajamento amoroso. Não feche esse canal. Ele existe para ajudá-lo a conquistar um sucesso que está além de seus sonhos mais empolgantes.

Seu diário intuitivo

Quais crenças você alimenta que não lhe servem mais? Para começar, preencha as lacunas a seguir. Não pense muito sobre as respostas. Seu primeiro pensamento em geral é o mais acurado. Você pode concluir que tem crenças positivas em uma área e negativas em outras.

O mundo é...
As pessoas são...
Meu corpo é...
O dinheiro é...
O trabalho é...
Eu nunca...
Eu sempre...
Os homens são...
As mulheres são...
A razão pela qual eu consigo criar uma vida de sucesso é...
Eu estou disposto a...
O que eu mais gostaria de criar em minha vida é...
As cinco razões que tenho para acreditar que posso fazer isso são...
O que aprendi com esse exercício foi...

Houve algo nas respostas que o surpreendeu? Nós costumamos fazer afirmações sobre o mundo que simplesmente não são verdadeiras. Depois de completar o exercício, reveja a lista de respostas para ver se há alguma crença que não lhe sirva mais. Quais crenças você gostaria de manter?

LIÇÃO 44

Conectando-se com a espiritualidade

Você não é um ser humano em busca de uma experiência espiritual. Você é um ser espiritual imerso em uma experiência humana.

— Pierre Teilhard de Chardin

Minha cliente Mary Alice me disse que gostaria de ser mais espiritualizada. Ela queria sentir a presença de Deus em sua vida e sentir-se guiada em todos os seus passos durante o dia. "Mas", ela suspirou, "eu vou à igreja nos dias santos e faço uma pequena oração à noite, e isso é o mais próximo que eu chego da espiritualidade." Eu sei como ela se sente.

O que o termo "ser espiritualizado" significa para você? Para muitos, ele evoca a imagem de um monge rezando em um monastério distante. Para outros, pode trazer a lembrança de Madre Teresa. Se você tende para crenças mais modernas, pode atribuir o termo *espiritualizado* a indivíduos que passam horas em meditação silenciosa.

Como você pode se conectar à sua espiritualidade e continuar levando uma vida normal, sendo pai ou mãe, indo trabalhar e pagando suas contas? Estas são as palavras que vêm a minha mente quando penso em alguém que personifica a espiritualidade:

Clemente
Bondoso
Generoso
Otimista
Crédulo
Amoroso
Reflexivo
Paciente
Carinhoso
Não preconceituoso
Capaz de ver o melhor nas pessoas
Reconhecido
Agradecido
Útil
Que tem tempo para rezar, meditar e comungar com Deus.

Exercício intuitivo: em contato com o divino

A seguir, apresentamos algumas sugestões para que você possa ter "momentos divinos" e se conectar com o sagrado em sua vida diária.

Bênçãos matutinas. Antes de abrir os olhos pela manhã, imagine o dia que está por vir. Reze para que você fale, pense e aja com amor e sabedoria no decorrer do dia.

Pausa para entrar em contato com a natureza. Reserve alguns minutos para sair de casa, chova ou faça sol e fazer uma pequena caminhada. Você pode ficar observando as nuvens em formações diferentes ou retirar as ervas daninhas que estão invadindo a calçada. Você pode sentir-se inspirado com os pássaros voando no céu, com a risada de uma criança, com o ar puro que respira. Preste uma atenção maior à beleza natural e à abundância que Deus colocou à sua volta.

Estrada da paz. A maioria das pessoas não se comporta de forma irritada ou insultuosa quando tudo está indo bem em sua vida. O Curso de Milagres ensina que você deve determinar: "Hoje vou encarar toda a raiva como um pedido de amor." Imagine-se enviando amor ao motorista briguento que fechou seu carro no trajeto para o trabalho. Veja-o como um ser necessitado de sua compaixão, mais do que de sua retaliação.

Pausa para a gratidão. Passamos muito tempo de nossas vidas esperando, seja na fila do mercado, seja no elevador do escritório ou dentro do carro no trânsito. Hoje, quando tiver alguns momentos de espera, agradeça em silêncio por tudo o que você tem.

Anjo abençoado. É provável que você conheça alguém de seu trabalho ou de sua vizinhança que esteja passando por um período de azar. Ele pode estar com problemas de saúde, cuidando de uma pessoa doente na família ou saindo de uma crise financeira. O que você poderia fazer que lhe fosse útil? Ajudar pode não custar dinheiro. Você pode varrer a entrada da casa, juntar as folhas do quintal, cozinhar uma refeição, oferecer-se para cuidar das crianças, levá-lo a uma consulta médica, fazer o mercado, ou simplesmente, ouvir seus problemas com atenção.

Fé no talão de cheques. Pagar as contas todo mês cria uma certa ansiedade em algumas pessoas. Use isso como uma forma de construir a sua fé, fazendo doações àqueles menos afortunados. Pense, enquanto preenche o cheque: "Eu estou dando porque quero, sabendo que ao fazê-lo, estou me abrindo para a rica abundância de Deus." Existe um ciclo espiritual em dar e receber. Quando você dá com generosidade, você se abre para receber.

Pausa para intuição. Na próxima vez em que se encontrar carregado de ansiedade, fique atento e sinta a sua orientação divina. Habitue-se a fazer perguntas à sua intuição e a esperar por uma resposta. "O que posso fazer para ficar calmo em relação à reunião desta tarde?" Em resposta, você recebe a imagem de um almoço tranqüilo no parque próximo ao seu escritório. Uma das formas utilizadas pela intuição para responder a seus questionamentos são as imagens. Sua intuição está conectada a uma sabedoria maior que sempre sabe do que você precisa. Ela sempre o guiará para a paz, o amor, o perdão, a gratidão e a fé.

Seu diário intuitivo

É sempre útil definir suas metas. Se estiver procurando uma conexão espiritual mais profunda em sua vida, leia estas perguntas e formule-as para si.

> Como você define a *espiritualidade*?
>
> Existe alguém que você conheça e que considere espiritualizado?
>
> Que qualidades ele tem que o torna espiritualizado?
>
> Pense em cinco coisas que você poderia fazer para tornar sua vida mais espiritualizada.

Quando você traz a espiritualidade para sua vida, você se associa a uma força maior. O Universo sabe bem o que é melhor para você. Ele irá sempre encorajá-lo para o sucesso, a prosperidade, a saúde e o amor. Fatos surpreendentes podem e vão acontecer em sua vida quando você se associar a Deus.

LIÇÃO 45

Diga "SIM" ao que anima você

Coloque o cuidado com você mesmo acima de todo o resto —
dizer não, a menos que seja fundamental dizer sim,
escolher gastar seu tempo com o que o faz feliz, tomar decisões
com base no que você quer, e não naquilo que os outros
querem. Quando você começa a cuidar bastante de si mesmo,
uma força divina se agrupa para apoiar suas decisões.

— Cheryl Richardson

Minha cliente Marsha se arrastou até meu escritório na semana passada e despejou uma ladainha de reclamações. Ela falou de pessoas que drenam sua energia, de sua chefe, que é extremamente exigente, e de suas atividades como voluntária, que não são mais tão recompensadoras. Tenho que confessar que, ao fim de quinze minutos, comecei a me sentir exausta. Interrompi Marsha naquele ponto. Falei-lhe sobre minhas convicções de que quando estamos sempre nos sentindo cansados, drenados, aborrecidos e ansiosos, é porque nossa intuição está enviando sinais de que algo precisa ser modificado.

Quando um cliente se consulta comigo, eu sempre testo seu nível de energia. Eu sinto, através de meu guia interior, se eles estão dentro ou fora do fluxo divino que movimenta a vida. Quando você se dedica ao que lhe dá energia — cuidar de você, divertir-se, trabalhar com aquilo de que gosta —, a corrente divina da vida flui através de você tornando-o feliz e motivado. Quando você se dedica ao que drena sua energia — experimentar preocupações constantes, amargura, raiva ou ressentimento —, você se coloca à parte desse fluxo. Isso resulta em baixa de energia e em exaustão.

Marsha estava tão envolvida com sentimentos que a oprimiam e com a percepção de que ela era uma vítima das situações que descreveu, que não era capaz de identificar o que podia fornecer energia a ela. Decidimos então lidar com um problema de cada vez e criar um plano de ação. Aqui está um exemplo da sessão de Marsha para ajudá-lo a definir seus próprios planos.

Energia drenada. Eu fico irritada e com raiva de ter que trabalhar sempre além da hora. Janet, minha chefe, espera que eu faça isso, pois o departamento está com poucos funcionários.

O que você quer? Eu preciso me certificar de que pretendem contratar mais funcionários para que eu não tenha que trabalhar tantas horas. Eu quero ter certeza de que poderei ter as tardes de quarta-feira livres para freqüentar o curso de arte que eu adoro.

Consulte seu guia interior. Marsha resolveu que a pergunta que gostaria de fazer à sua intuição era: "O que poderia tornar meu trabalho divertido e prazeroso novamente?" Ela fechou os olhos, respirou fundo algumas vezes e relaxou. Focalizando seu interior, ela se abriu e se manteve receptiva a qualquer resposta relacionada à sua situação. Eu a encorajei a tentar receber uma resposta em vez de procurar uma. Após cinco minutos, ela respirou fundo novamente e abriu seus olhos. Ela parecia aliviada e tinha um sorriso no rosto.

Resultados. Durante a rápida meditação, Marsha compreendeu que Janet estava tão sobrecarregada quanto ela, e que não era o tipo de pessoa que demonstrava reconhecimento de imediato. Isso fez com que experimentasse uma leve mudança de percepção: precisava parar de sentir-se vítima naquela situação. Marsha queria permanecer na empresa, mas decidiu que necessitava de mais informações sobre os planos da chefe para contratar mais funcionários.

A ação. Com base nas informações anteriores, Marsha combinou uma reunião com Janet para o dia seguinte. Para a surpresa de Marsha, Janet ficou contente por ela ter tomado a iniciativa de arranjar tempo para a conversa. A chefe assegurou-lhe que havia planos para reduzir sua carga de trabalho e concordou prontamente que Marsha não trabalhasse nas tardes de quarta-feira.

É bom analisar esse exemplo quando você está preso a uma rotina ou quando se acha mais cansado do que o habitual. Acostume-se a questionar sua intuição sobre o que você quer, sobre quais são os melhores resultados possíveis, sobre o que o faria sentir-se melhor em determinado momento e sobre o que você poderia fazer para conseguir o que quer. O melhor plano é aquele sobre o qual você tem controle. Afaste-se de respostas que impliquem forçar outra pessoa a agir do seu modo. A intuição divina sempre apresenta opções que são soluções perfeitas para todos os envolvidos.

Faça um esforço consciente para:

Dizer "sim" para pensamentos de gratidão.

Dizer "sim" para dispor de tempo para cuidar de você.

Dizer "sim" para pessoas ou situações que aliviem você.

Dizer "sim" para atos de cortesia anônimos e casuais.

Dizer "sim" para atividades de que você gosta.

Dizer "sim" para realizações que ficam fora de sua zona de segurança.

Dizer "sim" para tudo que aumente sua auto-estima.

Dizer "sim" para dar os pequenos passos em direção a seu objetivo.

Dizer "sim" para correr riscos.

Dizer "sim" para contar sua verdade para alguém.

Dizer "sim" para pensamentos de perdão.

Dizer "sim" para a diversão.

Dizer "sim" para acreditar em sua voz interior.

Dizer "sim" para passar algum tempo junto à natureza.

Dizer "sim" para declarar seu amor por alguém.

Dizer "sim" para retomar a comunicação com alguém que o magoou.

Dizer "sim" para fazer algo de bom para você todos os dias.

Exercício intuitivo: reenergize-se!

Energia drenada. Escreva alguns parágrafos em seu diário discorrendo sobre o que está aborrecendo você. O que ou quem está drenando sua energia?

O que você quer? Pense sobre o que poderia ser bom nessa situação. O que o deixaria com uma sensação de alívio? Esse é um sinal de sua intuição acerca da direção a ser tomada para obter resultado. Descreva a sensação.

Consulte seu guia interior. Feche os olhos e respire fundo. Imagine-se preenchido e cercado por um sentimento de amor. Peça assistência ao seu guia interior. (pausa) Pergunte: "O que posso fazer para mudar esta situação para melhor?" (ou formule sua própria pergunta) Mantenha-se aberto e receptivo. Permita que a informação chegue até você. Uma idéia pode surgir em sua mente. Você pode ter uma repentina mudança de percepção ou pode começar a enxergar o problema sob outra perspectiva. (pausa) Fique nesse estado de consciência alterada até sentir-se pronto para terminar. (pausa) Abra os olhos e anote suas respostas.

Resultados. Você não precisa receber a informação imediatamente. Esteja disposto a conviver com a questão o resto do dia. A resposta de sua intuição pode chegar quando você menos espera. Caso você receba uma resposta, anote-a.

A ação. Quais passos você deve dar? Será que você precisa esclarecer algum assunto com alguém? Contar algum segredo? Libertar-se de algo ou de alguém? Ver a situação sob uma ótica diferente ou simplesmente estar aberto e esperar que algo aconteça? Você pode, também, receber uma resposta indicando que precisa se envolver em atividades mais prazerosas e divertidas. Que passos você está disposto a dar?

Seu diário intuitivo

Você está se sentindo oprimido? Caso esteja, a simples idéia de tirar algum tempo para descobrir como reduzir seu estresse pode parecer, à primeira vista, mais aflitiva e opressiva. Entretanto, é uma atitude de extrema importância. Reserve cinco minutos para montar uma estratégia de alívio, respondendo às seguintes perguntas:

Quais são as quatro grandes prioridades de sua vida neste momento?
Existe alguma área que esteja sempre em desarmonia?
Que passos você poderia dar para reparar essa situação?

Escreva ao menos uma coisa que você poderia fazer hoje — ou esta semana — para aliviar seu estresse. Se você suspirou aliviado ao terminar esta tarefa, é sua intuição que está dizendo: "Muito bom! Agora aja."

LIÇÃO 46

Aprendendo a acreditar no processo

Às vezes é como uma voz baixinha na imensidão; às vezes ela é clara, alta e direta. Quando aprendemos a parar, ouvir e seguir a orientação que ela oferece, nós experimentamos a bênção ou, ao menos, um profundo senso de realização pessoal.

— Hal Zina Bennett

Eu conhecia minha cliente Pam há cerca de oito anos. Durante esse tempo, ela passou por altos e baixos inacreditáveis em sua vida. Sobreviveu a uma doença que ameaçava sua vida, à falência de um negócio e a anos de uma disputa legal, ainda assim, ela permanecia impressionantemente disposta. Qual o seu segredo? Ela sabia que, quando um de seus sonhos morria, ela era capaz de criar um novo e melhor para substituir o antigo.

A idéia da recompensa imediata prospera em nossa cultura. Você já teve uma idéia nova ou meta e quis que ela fosse logo realizada? Muitas pessoas são assim. Por meio de Pam e de outros, eu tive a oportunidade de aprender a apreciar e a acreditar no processo que faz com que nossos sonhos se realizem.

Suas esperanças e seus sonhos são meios utilizados por sua intuição para se comunicar com você. Tentar algo que não dá certo faz-nos muitas vezes desistir. Você se convence de que seu sonho não estava escrito nas estrelas, que você tem um carma ruim ou que aquilo foi apenas uma daquelas "experiências de aprendizado" de que tanto ouvimos falar. O que acontece na verdade é que você fica impaciente e resolve desistir.

Já aconteceu de você ter um objetivo, tentar conquistá-lo, as coisas não saírem da forma como você imaginou, e então você parar de tentar? E o que é pior, em um total desapontamento, você parar de sonhar?

É sempre difícil para mim trabalhar com pessoas que não têm mais sonhos e esperanças. Elas se sentem literalmente "desesperançadas". Começam a perseguir o que imaginam que podem conseguir, em vez de ir atrás do que querem conquistar. Elas tornam seus sonhos realistas, práticos e sem inspiração. Elas começam a ansiar por menos até que, por fim, param de sonhar. Para que se aborrecer?

Thomas Edison, um dos maiores inventores do mundo, disse: "Eu não me sinto desencorajado, porque cada tentativa malsucedida e descartada é mais um passo adiante." Ele sabia o que era tentar e falhar, muitas e muitas vezes. No entanto, persistindo em seu sonho, ele mudou a nossa forma de viver com milhares de invenções patenteadas, incluindo o fonógrafo e a lâmpada.

Nunca, jamais pare de sonhar! Os sonhos são uma forma primária de transmissão de orientações vindas de sua alma.

Preste atenção ao que faz sua imaginação voar. Alguns sonhos não dão em nada, e você acaba desanimado, mas não desista. Continue sonhando e procurando novas formas de recarregar sua energia e seu entusiasmo.

Seus sonhos e visões são uma conexão com a missão de sua vida ou com o que quer que seja que você veio realizar aqui. É importante entender que parte da tarefa que você tem a realizar não é simplesmente a conquista de seus objetivos. É fazer a trajetória para seus sonhos com amor, paciência, bondade, perdão e respeito por si próprio e pelos outros.

Seus sonhos o capacitam. Sonhe alto!

Exercício intuitivo: seja receptivo aos seus sonhos

Sente em silêncio e feche os olhos. Permita que sua mente retorne a uma época de sua vida em que você tinha um desejo louco ou um sonho que gostaria de ver realizado. Quem sabe formar uma família, possuir uma casa própria, seguir uma determinada carreira, obter um diploma universitário.

Passe alguns minutos se lembrando de você mais jovem. Quais eram suas esperanças, sonhos e ambições cinco, dez, quinze, vinte anos atrás? Como você sabia o que queria conseguir? Como se sentia? Como parecia o sonho? Como você sentia o desejo em seu corpo? Essas são maneiras de sua intuição indicar suas paixões e seu propósito.

Permita agora que seus pensamentos se adiantem no tempo. O que aconteceu com aqueles sonhos e esperanças? Você deixou que alguns desaparecessem por falta de coragem? Será que outros se tornaram realidade? Talvez alguns tenham mudado com o tempo, com seu crescimento e maturidade.

A maioria de nossas metas não se materializa da noite para o dia. Elas levam meses, anos e às vezes décadas para amadurecer e se manifestar. Pense em um sonho que você já concretizou e lembre-se do processo pelo qual você passou até conseguir realizá-lo. O que você aprendeu? Do que você tem orgulho? O que você gostaria de ter feito de forma diferente?

Respire fundo e devagar. Pergunte à sua sabedoria interior: "Que novos sonhos eu deveria perseguir?" Espere, ouça e reflita sobre a resposta que recebeu. (pausa)

Pergunte, então: "Como posso começar a desenvolver este sonho com alegria, calma e paz?"

Seu diário intuitivo

Conquistar um objetivo que você persegue há muito tempo é maravilhoso. Aumenta sua auto-estima e a compreensão de seu propósito. Ajuda, também, a melhorar sua autoconfiança para tentar conquistas ainda maiores.

Enumere cinco conquistas das quais você se orgulha.

> Você aprendeu algo sobre si mesmo no processo de alcançá-los?
>
> Qual a maior dificuldade pela qual passou durante esse processo?
>
> Você alguma vez já parou de tentar, estando muito próximo de conseguir conquistar um objetivo?
>
> Caso sim, o que você gostaria de ter feito de modo diferente?

Que compromisso você firmaria consigo mesmo em uma outra tentativa de conquistar novos sonhos?

Se você estiver sentindo dificuldade em motivar-se para perseguir seus sonhos, saiba que não há nada de errado em pensar pequeno. Sua intuição guia seus passos para a felicidade pouco a pouco. As respostas podem não se manifestar por meio de um grande arrebatamento, mas sim na forma de uma aptidão, de um interesse maior ou de uma simples compreensão.

LIÇÃO 47

Afirmações que dão certo

Dentro de você, neste exato momento, existe o poder de fazer coisas que você nunca sonhou serem possíveis. Esse poder torna-se disponível no instante em que você passa a acreditar nele.

— Maxwell Maltz

Na semana passada, eu recebi uma carta escrita em tom bastante formal, com uma letra rebuscada e rígida. Ela começava assim: "Cara Sra. Robinson, eu gostaria de informar-lhe que afirmações não dão certo. Eu decidi me encarregar de avisar às pessoas que sugerem o contrário que elas estão erradas."

Eu não estava certa sobre como deveria responder à carta, mas mesmo que soubesse como fazê-lo, o remetente não havia mandado um endereço para resposta. Este capítulo é endereçado a Anna, seja ela quem for.

Querida Anna,

Afirmações são frases claras e positivas sobre o que você gostaria de criar em sua vida. Muitos de nós gostaríamos de ter saúde, fortuna, amor, felicidade, bom relacionamento com os outros seres humanos, um trabalho de que gostássemos, uma crença ou uma filosofia de vida que nos desse esperança e sentido, além de uma família unida e um enorme grupo de amigos. Desejamos isso para nós e, queira Deus, também para os outros. As afirmações são uma tentativa de registrar o poder que têm as palavras, as crenças, as esperanças e algo inexplicavelmente maior do que nós mesmos, que nos ajuda a criar novos resultados em nossas vidas. Veja algumas diretrizes:

O que você quer? Você pode querer pegar seu diário e escrever, sem parar, algumas páginas sobre as circunstâncias ideais de uma vida perfeita para você. Muitas pessoas insistem em focalizar o que elas não querem: "Eu não quero ser pobre." "Eu não quero um namorado que me traia." Comece simplesmente mantendo o foco no que você quer criar.

Afirmações devem ser escritas no tempo presente. Caso sua intenção seja encontrar um novo emprego ou aumentar sua renda, você pode afirmar: "Meu trabalho é divertido e criativo e eu ganho muito bem." Algumas pessoas preferem afirmações mais abrangentes, como: "Eu me sinto em harmonia, repleta de alegria, saudável e feliz."

Não tente adivinhar como você irá alcançar seu objetivo. Quando você mantém o foco no que quer, sua intuição começa imediatamente a enviar dicas acerca de como você pode conseguir aquilo. Você só tem que acordar todos os dias, determinada a fazer o que o entusiasma e anima. Trabalho árduo, hein? Seu poder maior começará a orquestrar o que for necessário para tornar seu sonho realidade. Fique atenta a sincronias e coincidências. Elas indicam que você está no caminho certo e que seu objetivo é possível de ser conquistado. Faça suas afirmações e deixe que o Universo se encarregue dos detalhes.

Afirmações dizem respeito a você e a ninguém mais. Uma vez eu atendi uma cliente que estava envolvida com um homem que tinha medo de se comprometer. Ele vivia terminando com ela, mas acabavam sempre voltando. Ela contou que sua afirmação era: "George vai casar comigo." Eu expliquei que as verdadeiras afirmações não se destinam a fazer com que outra pessoa mude de atitude. Depois de alguma discussão, concordamos que o que ela de fato queria afirmar era: "Eu vivo um relacionamento amoroso, feliz e comprometido." Um ano depois eu soube que ela havia finalmente terminado o relacionamento com George e estava feliz da vida, comprometida com outra pessoa.

Suas afirmações devem fazer com que você se sinta em paz. Afirmações não devem ser uma tarefa cansativa, nem podem deixá-lo ansioso. Caso experimente um sentimento de contradição a cada vez que faz uma afirmação, você precisa modificá-la para que não produza essa reação. Por exemplo: se você quer ter mais prosperidade e fortuna em sua vida e se encontra em um momento de pobreza, não vai ser nada útil ficar afirmando "eu sou rico!". Em vez disso, escolha palavras mais suaves, como: "Estou aberto e receptivo a novos caminhos para ganhar dinheiro." Não soa melhor?

Exercício intuitivo: valorize sua vida

Algumas pessoas têm dificuldade para descobrir o que querem. Caso seja uma dessas pessoas, este será um ótimo exercício para você. Ele se chama "o mapa do tesouro". É uma representação visual do que você deseja criar em sua vida.

Para começar, pegue algumas revistas velhas e espalhe-as na sua frente. Revistas de viagem, de decoração e de jardinagem são as minhas preferidas.

Olhe cada exemplar selecionando e recortando imagens que inspirem você. Podem ser fotos de lugares que você quer conhecer ou de um cômodo que evoca um estilo que você gostaria de ter. Pode também ser a representação de duas pessoas apaixonadas.

Procure palavras sugestivas, que façam com que você se sinta bem, e recorte-as também. Eu gostaria que você incluísse uma imagem que possa representar a espiritualidade em seu "mapa do tesouro". Pode ser a foto de um anjo ou do sol se pondo atrás das árvores.

Quando terminar, cole as fotos e as palavras em uma cartolina ou prenda-as em uma cortiça. Coloque seu cartaz em um local que você olhe freqüentemente. Eu tenho meu mapa atual posicionado sobre a minha escrivaninha. Eu adoro olhar para ele todos os dias, porque me faz sentir feliz. Tenho uma pequena flâmula em cima do cartaz que diz: "Sou guiada por minha intuição. Vivo minha vida com amor, calma, paz e harmonia. Meu futuro é glorioso." Tomara que funcione para você também.

Seu diário intuitivo

As pessoas gastam muita energia, desnecessariamente, analisando os fracassos do passado. Elas perguntam: "O que foi que saiu errado?" "O que eu poderia ter feito diferente?". É muito mais produtivo concentrar-se no que deu certo e no que contribuiu para o seu sucesso. A seguir temos algumas questões para o seu diário.

Pense em um momento de sua vida em que você conquistou um objetivo de forma fácil e sem grande esforço.

> O que contribuiu para o seu sucesso? Terá sido algum estado de espírito determinado? Uma expectativa positiva? Uma disposição para se arriscar?
>
> Escreva sobre algo que você queira criar em sua vida neste momento.
>
> Escreva uma afirmação que possa ajudá-lo a conseguir o que quer.

Você se sente bem quando faz a afirmação para si mesmo? Ela lhe dá uma injeção de confiança? Quando sentir que seus pensamentos estão sendo atraídos para antigos fracassos, mude conscientemente o foco de sua atenção para a experiência bem-sucedida que você descreveu neste exercício e concentre-se nos sentimentos positivos que experimenta quando faz sua afirmação.

LIÇÃO 48

Reabasteça seu espírito

Para um alívio mais rápido, tente diminuir o ritmo.

— Lily Tomlin

Eu pertenço a um grupo chamado Master Mind Group. É um grupo formado essencialmente por profissionais que se encontram todos os meses para se ajudarem no crescimento pessoal e profissional. A estrutura é bastante consistente e os encontros são divididos em três partes. Primeiro, cada um fala sobre seus sucessos no mês anterior. Depois, pedimos idéias e sugestões enquanto analisamos algum desafio que estejamos enfrentando. Finalmente, cada um de nós se compromete a executar uma meta pessoal ou profissional até a sessão seguinte. Uma mulher maravilhosa chamada Jane é a anfitriã do grupo.

Realizo a parte da meta com muita facilidade. Ao fim de cada sessão, eu em geral já preenchi uma página inteira com tudo que eu gostaria de fazer ou completar. No último encontro, na hora de falar sobre o compromisso, eu contei ao grupo qual seria a minha meta para o mês seguinte e todos ficaram em silêncio. Jane disse então: "Lynn, eu acho que você precisa descansar um pouco." Eu olhei em volta para os outros membros e todos estavam concordando com a cabeça sem dizer nada. "Oh, não!", eu pensei. "Virei uma daquelas mulheres que nunca tiram um tempo para elas mesmas." Isso me fez avaliar seriamente minhas crenças sobre a melhor forma de criar a vida que desejamos e a importância de diminuir o ritmo.

Resolvi então fazer um retiro de um dia de orações em um seminário local. Enquanto estava lá, eu entendi (novamente) que não tinha que me tornar uma "máquina humana". Eu podia diminuir o ritmo, me divertir como ser humano e usar minha mente e minha imaginação para determinar meus desejos e metas.

Exercício intuitivo: pequenos retiros secretos

Veja algumas idéias que me ocorreram durante o retiro:

Faça um mini-retiro espiritual todos os dias. Não é necessário despender muito tempo. Você pode apenas sentar na calçada e ouvir o canto dos pássaros ou fechar os olhos por alguns minutos para concentrar-se em sua respiração enquanto inspira e expira lentamente. Ouvir uma música relaxante pode ser útil.

Faça dos exercícios diários uma obrigação. Você não precisa se matricular em uma academia de ginástica para cumprir este compromisso. Que tipo de atividade você gostava de praticar quando era criança? Eu adoro dançar. Faz meu coração bater forte. Eu também gosto de fazer longas caminhadas pelo campo. São momentos em que sinto minha alma repleta. O que diverte você?

Fique atento à sua energia. Quando meu último livro foi publicado, eu me via constantemente fazendo as coisas que eu achava que *tinha* que fazer para promovê-lo. Vivia sobrecarregada e confusa. Quando comecei a me concentrar somente nos aspectos bons da promoção do livro, tudo começou a entrar nos eixos e as vendas estouraram.

Mantenha uma perspectiva de longo prazo. Paciência não é uma das minhas virtudes natas. Tive que trabalhar duro para adquiri-la. Uma das descobertas que fiz em meu retiro é que eu esperava, de forma pouco razoável, que todas as minhas metas fossem alcançadas rapidamente. Quando isso não acontecia, eu começava a duvidar da minha competência e a questionar se eu conseguiria conquistar o objetivo esperado. Eu tive que me educar para manter uma perspectiva de longo prazo.

Cultive um senso de humor. Durante meu retiro, eu percebi que vinha levando tudo muito a sério na vida. Era hora de relaxar! Quando retornei, comecei a alugar comédias no videoclube e a ler livros engraçados. É impressionante o que uma simples mudança de perspectiva pode fazer.

Seu diário intuitivo

Ir para um spa ou viajar para algum retiro pode sair caro. Mas se o seu orçamento permitir, faça-o. No entanto, com um pouco de criatividade, você pode reproduzir algumas das atividades oferecidas nesses lugares sem gastar muito. Encare o tempo gasto com as atividades como um comprometimento diário com o seu corpo, com a sua mente e com o fortalecimento de sua alma.

> Se a academia de ginástica não lhe agrada muito, que tipo de exercício você consideraria divertido fazer? Dançar, nadar, caminhar com o cachorro, fazer canoagem, patinar?
>
> Como você poderia incorporar essas atividades ao seu cotidiano? Começando um grupo de caminhada pela vizinhança; oferecendo-se para passear com os cachorros dos amigos?
>
> Pense em três situações que fizessem você se sentir paparicado. Você poderia determinar um dia da semana para comer fora, fazer as unhas de uma amiga e deixar que ela faça as suas, criar um grupo de meditação.
>
> Pelo que sua alma anseia? Qual é a primeira idéia que lhe vem à cabeça? Escreva-a!

Embora alguns achem que a paparicação é uma futilidade, é importante reverenciar seu corpo como o templo do seu espírito. Quando você diminui o ritmo e trata a vida com carinho, sua alma fica grata e você também.

LIÇÃO 49

Atravessando momentos de transição

No intervalo entre abandonar o antigo e lançar-se ao novo com sucesso, existe um período de confusão e vazio. As pessoas costumam sentir-se perdidas nesse momento e, em geral, interpretam seus sentimentos como um sinal de que as coisas não estão indo bem. Trata-se simplesmente de um sinal de que elas penetraram no fértil caos da zona neutra.

— William Bridges

Eu não conheço muita gente que goste de passar pelos períodos de transição. Cerca de noventa por cento dos telefonemas que recebo pedindo aconselhamento intuitivo vêm de pessoas que estão vivendo uma mudança de carreira, iniciando ou terminando um relacionamento ou lidando com alguma espécie de perda, tangível ou intangível, na vida. Ouço freqüentemente as pessoas contando que estão "estagnadas" ou "presas em uma rotina"; a maioria se encontra naquele estado de limbo chamado transição.

A transição é como estar perdido numa floresta. Não existem placas indicando "este caminho é seguro". Se procurar no dicionário pela palavra *transição*, encontrará definições como "passagem de um estado para outro" e referências à "transformação", "passagem", "grande mudança", "troca" ou "desenvolvimento". Apesar de você estar se sentindo "estagnado", essas palavras indicam movimento e mudança. Muitas vezes, parece que não há progresso algum aparente na direção de seu sonho e de suas esperanças. Você sente medo de se desintegrar e de permanecer nesse "lugar nenhum" para sempre. Você se sente paralisado e, no entanto, é neste desconfortável momento de transição, em que você vai de um ponto a outro de sua vida, que ocorre o crescimento maior.

Quando estou na zona de transição e medo, em que nada parece acontecer, eu encontro conforto no exemplo das tulipas. Você as planta no outono e elas florescem na primavera. Nos meses intermediários, não há sinal de que elas venham a brotar algum dia. Você não arrisca, entretanto, desenterrá-las no meio do inverno e dizer que elas estão estagnadas e aconselhá-las a "crescer mais rápido". Elas estão fazendo exatamente o que têm de fazer. E quando todas as circunstâncias necessárias ao seu desenvolvimento forem favoráveis, elas irão brotar e florescer. O mesmo acontece com a sua transição. A sabedoria que guia as flores também guia a sua vida.

Todo mundo experimenta períodos de transição no curso da vida. Parece desagradável porque requer que você abandone o conhecido, o familiar, o que você considera seguro. Você sabe onde está no momento, mas não sabe para onde está se dirigindo. Muitos lidam com esse desconforto tentando retornar à situação antiga. É como tentar colocar a pasta de dente de volta dentro do tubo. Você tenta obter seu emprego antigo de volta ou faz tudo para restabelecer um relacionamento que não é mais viável. Quando você se sente aborrecido, cansado ou enfastiado é sinal de que sua intuição está-lhe avisando sobre a necessidade de mudança. Você aciona seu poder superior pedindo auxílio e ele responde encorajando você a liberar o antigo e a abrir espaço para o novo.

Ouvimos falar de pessoas que tentam "lidar" com as mudanças. Essa palavra implica luta. Acima de tudo, tente aceitar as mudanças. A autora Margaret Drabble escreveu: "Quando nada é certo, tudo é possível." O fato de se sentir incomodado não significa que esteja fazendo algo errado. Significa somente que uma mudança está ocorrendo e que você — como a maioria das pessoas — sente-se ansioso por isso . Essa zona de transição pode ser um período muito criativo. Sua vida está suspensa no ar, porém tudo pode acontecer.

O Universo o está ajudando a se libertar de fatos antigos e resistentes em sua vida para permitir que situações novas, frescas e revigorantes tomem seus lugares. Eu aprendi que, mesmo sendo difícil, a atitude que mais ajuda é aceitar a transição. O único ponto certo sobre transições é que elas têm um fim. Logo você estará pisando em solo firme de novo, só que será em um lugar diferente daquele que você estava acostumado. Há um antigo ditado que diz: "Quando tudo está se desmoronando, algo está sendo erguido."

Períodos de transição são uma completa contradição. Ao mesmo tempo que você quer brigar com o Universo por estar causando a mudança em sua vida, você precisa confiar na sabedoria dessa mesma força para criar a transformação de que você necessita. A intuição é extremamente útil em períodos de transição, pois ela irá apontar o caminho que o levará à sua nova vida. É desafiador tentar encontrar uma harmonia entre parar para ouvir sua intuição e agir para levar seu sonho adiante. Victor Hugo definiu bem: "Tenha coragem para os grandes sofrimentos da vida e paciência com os pequenos; e quando você tiver concluído diligentemente suas tarefas diárias, vá dormir em paz. Deus estará acordado."

Exercício intuitivo: instruções para atravessar as pontes da vida

Seja paciente. As transições têm velocidade e ritmo próprios. É muito tentador fazer algo ou não fazer nada. Esse curso de ação costuma conduzir a uma crise maior. Acredite que há uma mudança profunda ocorrendo dentro de sua alma, que está fornecendo informações e ímpeto para impulsionar você para o estágio seguinte de sua vida. Ela não pode — e não deve — ser apressada por uma decisão precipitada.

Permita-se uma parada. O que conforta você? Caminhar calmamente, bordar, cozinhar seu prato predileto, ouvir música, brincar com seu cachorro, sentar-se em silêncio no quintal? A orientação intuitiva floresce nesses momentos de sossego, quando sua mente não está engajada em planejamentos e preocupações.

Procure apoio. Você conhece alguém que seja bom ouvinte, com quem você possa se abrir? Você não precisa necessariamente de conselhos. Você precisa de alguém a quem possa fazer perguntas com o final em aberto, que vá escutar suas respostas sem julgar e permitir que você encontre o seu próprio caminho. Existe algum amigo, parente, terapeuta, vizinho, padre ou rabino, que possa ser capaz de ajudá-lo?

Lembre-se. Você já passou por períodos de transição antes e conseguiu superá-los. O presente, que parece tão tranqüilo agora, pode ter sido uma jornada apavorante rumo ao desconhecido. O que você fez que o ajudou a passar por tudo aquilo? Uma sensação de perda e tristeza, sentimentos confusos e ansiedade, lágrimas, são parte normal do processo. Saiba apenas que você pode superar tudo novamente.

Reze e peça orientação. Você pode estar tentado a suplicar a Deus pela vida que tinha antes: "Por favor, Deus, devolva-me meu antigo emprego." Você pode, entretanto, tentar uma nova forma de oração — pedir por força, coragem, paciência, clareza, sabedoria, paz de espírito e fé. Essas são as qualidades que farão com que você supere todas as dificuldades da vida. Peça para ser guiado ao caminho do bem maior, ou para ter uma visão da nova vida para a qual está se dirigindo.

Focalize o positivo. Quais são os benefícios dessa mudança que está ocorrendo em sua vida? Talvez você passe a ter tempo para um novo hobby, para almoçar com amigos, para ficar com seus filhos ou com seu cônjuge, para desenvolver a habilidade de fazer uma mudança que sempre quis fazer, mas na qual nunca pôde se empenhar. Essas centelhas de interesse são dicas de sua intuição sobre o caminho a seguir. Permita-se.

Vá para um retiro. Quanto mais simples melhor. Talvez você tenha um amigo que possa lhe emprestar sua casa de veraneio fora da temporada. Quem sabe você não poderia alugar por alguns dias um chalé próximo à sua casa. A idéia é livrar-se da influência de sua ambientação normal. Leve um diário com você e comece a escrever sobre seu passado recente e sobre seus sonhos para o futuro. Não pense que você tem que escrever um grande romance. Você está lá para criar um senso de receptividade, curiosidade e surpresa. Seja um vaso aberto no qual o Universo pode entornar sua sabedoria.

Use sua imaginação. Pode ser útil fechar os olhos e imaginar-se em um momento futuro, recordando o atual período de sua vida. Pergunte a esse ser do futuro como ele pode ajudá-lo a passar pela transição. Existe algo que esse ser do futuro deseje que o ser atual saiba ou faça de modo diferente? Você pode achar que está inventando a cena, mas a informação é útil e pode ajudá-lo a experimentar uma grande sensação de paz. Use-a a seu favor!

Seu diário intuitivo

Responda em seu diário, sem *pensar* muito, a estas duas perguntas. Não se demore. Apenas responda o que seu coração mandar.

> O que você precisa liberar de sua vida?
> O que vai acontecer agora em sua vida?

Períodos de mudança, em que você se sente "entre uma escolha e outra", não têm que ser difíceis ou sofridos. Aproveite-os para se divertir, ser criativo e até um pouco impulsivo.

LIÇÃO 50

Esteja disposto a correr riscos

Todas as manhãs ao acordarmos, temos 24 horas inteirinhas para viver. Que presente precioso! Nós temos a oportunidade de viver de forma que essas 24 horas tragam paz, alegria e felicidade para nós e para os outros.

— Thich Nhat Hanh

Eu me lembro do momento exato em que, pela primeira vez na vida, pensei em correr riscos. Eu tinha dez anos, estava brincando sozinha no quintal, quando recebi o que posso descrever como um raio de inspiração divina. Ele veio do nada. Foi algo que me tirou dos trilhos. Em um momento, eu estava brincando e, no momento seguinte, eu sabia que minha vida se transformaria. Uma voz interior disse: "Você pode escolher viver em segurança. Mas, se optar por correr riscos, confrontar-se e caminhar por sobre seus medos, você será capaz de conseguir tudo o que sonhar."

Para uma garotinha de dez anos era uma revelação bem pesada! Eu sabia, entretanto, exatamente o que a voz queria dizer. Sabia que tinha a opção de viver uma vida simples e segura, mas sabia também que, se escolhesse o caminho de uma grande vida, eu teria toda a ajuda, orientação e instrução necessárias para ser bem-sucedida. Você pode tomar a mesma decisão. Existe um único propósito para você estar aqui. Você não tem que correr grandes riscos. Você não tem que encontrar a cura para a AIDS ou fundar uma nova religião. Mas, para viver uma vida mais completa e apaixonada, você precisa aprender a confiar em sua intuição como sua amiga e guia.

Se eu tivesse esperado até estar totalmente confiante para largar meu emprego e me dedicar ao negócio de consultas intuitivas, isso nunca teria acontecido. Se tivesse esperado estar cem por cento segura de que poderia escrever um livro, antes de assinar o contrato, eu não o teria escrito. Correr risco é saber a necessidade de se afastar de sua zona de segurança e tornar-se uma pessoa maior. O Presidente Teddy Roosevelt disse: "Faça o que puder, onde estiver, com as ferramentas que conseguir reunir."

Eu cresci nos anos sessenta, em meio a uma grande revolução para trazer paz à Terra. Pode ser que ainda precisemos de uma revolução, mas talvez não de uma revolução externa e sim de uma revolução interna. Você está aqui para criar a paz dentro de você e possibilitar que ondas de tranqüilidade, amor, perdão e bondade fluam para o mundo. O Universo pode ser um lugar enorme, mas não há pequenos atos nem pequenas idéias. Tudo está interconectado; tudo importa. *Você* pode ser o responsável pela mudança que gostaria que acontecesse no mundo.

O Universo lhe dá sonhos para que você se torne uma pessoa melhor. Você merece correr riscos. É assustador? Claro! Nos três meses seguintes ao começo do meu negócio, eu costumava sentar no escritório antes de os clientes chegarem e chorar. Eu estava certa de que alguém descobriria que eu era uma total farsa! Quando me convidaram para fazer minha primeira palestra, tive uma câimbra nas costas por duas semanas inteiras antes do evento.

Eu ainda sinto medo? Claro! A única diferença agora é que eu tenho certeza de que o Universo está lá para me guiar. Ele não coloca nenhum obstáculo em meu caminho que eu não possa superar. Eu optei por permanecer calma. E afirmo simplesmente: "Eu consigo fazer isto. Eu tenho apoio. Eu saberei o que fazer quando tiver que fazer." Saber disso me permite aceitar as mudanças com mais resignação e sem os acessos de ansiedade que costumava ter. Eu compreendo que as coisas podem não evoluir da forma como eu espero, mas o que quer que aconteça, eu estarei bem.

Não caia na armadilha de imaginar que tudo tem de sair perfeito. Nunca acontece. Sua função é descobrir o que você quer. Depois disso, deixe que o Universo comece a reunir os recursos necessários para que você realize seu sonho. Então é hora de dar um passo em direção a fé e acreditar em seu sonho. Não pense que os heróis e heroínas que você admira não tiveram que passar por esse mesmo processo. Eles passaram! Todos eles tiveram medo ao olhar para o abismo que teriam de atravessar.

Marianne Williamson colocou de forma sucinta: "Nosso maior medo não é sermos inadequados. Nosso maior medo é sermos muito poderosos. É nossa luz, e não nossa obscuridade, que mais nos assusta. Quem somos nós para *não* sermos brilhantes, maravilhosos, talentosos e fabulosos? Você é um filho de

Deus. Fazer-se pequeno não ajudará o mundo. Nascemos para expressar a glória de Deus que está dentro de nós. E ela não está em apenas alguns de nós. Ela está em todos."

Para criar a vida que você ama, você precisa correr riscos. Não estou me referindo ao risco similar ao de pular de um penhasco amarrado pela perna ou ao de entrar na sala de seu chefe dizendo "eu me demito" (a menos que se sinta fortemente guiado a fazer isso). Estou falando sobre os pequenos riscos que irão afastá-lo de sua zona de segurança. Pode ser dar um telefonema para alguém que o intimida, aumentar o preço de um serviço que você presta, concordar em se encarregar de um projeto na escola de seus filhos.

Cada um tem uma série de circunstâncias particulares que definem a própria zona de segurança. Quando você opta por se afastar da segurança do conhecido e rumar para o desconhecido, milagres começam a acontecer. A cada risco que você corre, você se sente mais e mais seguro. Você vê que o Universo está realizando seus sonhos mais rapidamente. Sua autoconfiança e sua auto-estima aumentam e você começa a sentir-se mais poderoso. Sua concepção sobre si mesmo e sobre o que você pode conseguir no mundo começam a se expandir. À medida que você se torna maior, descobre que possui a certeza do que quer conquistar e, antes mesmo que possa notar, o sucesso bate à sua porta. Você já tem mais poder do que imagina. Comece a tomar posse dele. Isso irá fornecer uma enorme energia para que você possa criar seus sonhos.

Exercício intuitivo: Corra um risco por dia

Sua intuição está sempre apresentando novas idéias para ajudar você a conquistar seus objetivos. É claro que você pode sempre optar por usar essas idéias ou não. Corra um risco por dia no sentido de expandir sua zona de segurança. Pense sobre suas metas nas diversas áreas da vida e imagine um risco que você possa correr em alguma das áreas listadas a seguir, que tenha importância para você.

Amigos: vou ligar para Ron e perguntar se ele quer tomar um café comigo.

Família: vou dizer ao meu irmão que o amo e que o perdôo.

Saúde: vou marcar uma consulta para conversar com o médico sobre alguns sintomas que estão me deixando preocupado.

Profissão: vou marcar uma reunião com meu chefe para discutir algumas idéias que tive para o departamento.

Cuidados pessoais: vou ligar para Sally e perguntar se ela quer caminhar comigo, pois assim terei o compromisso de fazer uma caminhada diária.

Espírito: vou me inscrever para o retiro de orações de minha igreja.

Escreva sobre suas opções e fique à vontade para adicionar outras categorias a essa lista.

Anote sete riscos em seu diário. Todos os dias, antes de dormir, pense sobre o risco que você irá correr no dia seguinte. Visualize-o claramente e exercite-o em sua mente. Imagine um resultado de sucesso. Peça a Deus qualquer ajuda de que precise. "Bom Deus, por favor, encha-me de coragem amanhã enquanto eu peço um aumento de salário ao meu chefe. Permita que eu seja articulado e firme. Lembre-me de quanto eu mereço e de quanto poder eu tenho. Amém."

Seu diário intuitivo

Cada um de nós tem um estilo de arriscar. A variedade de estilos pode variar daquele que é totalmente avesso ao risco àquele que parece estimulado com o perigo. Eleanor Roosevelt sugeriu: "Faça todos os dias algo que seja assustador para você." As perguntas a seguir podem ajudá-lo a avaliar se seu estilo de correr riscos é adequado a você.

Quais riscos você correu no passado?

Seus riscos resultaram em uma situação melhor?

Caso sim, descreva-a.

Caso não, o que você acha que poderia ter feito de forma diferente?

O que você poderia fazer para sentir-se seguro o bastante para arriscar-se novamente?

Descreva dois grandes riscos que você gostaria de correr ainda este ano.

Se pensar em correr riscos faz com que você corra para debaixo das cobertas, pense nas palavras do atleta Brian Goodell, medalha de ouro nos Jogos Olímpicos: "Todos nós enfrentamos medos e dúvidas ao encarar novos desafios. O medo diminui com a confiança que vem da experiência e da fé. Às vezes, você só tem que tentar e ver o que acontece. Entrar na batalha não garante a vitória, mas ter medo de tentar garante a derrota."

LIÇÃO 51

Qualidades da alma

Dentro de cada alma há uma rosa. As qualidades divinas, plantadas em nosso nascimento, crescem em meio ao tormento de nossas faltas. Muitos olham para dentro e vêem somente os tormentos, os efeitos. Desesperamo-nos pensando que nada de bom pode florescer dentro de nós. Deixamos de alimentar essa boa semente e ela morre. Nós nunca percebemos nosso potencial.

— Autor desconhecido

Quem você mais admira? Quando penso em uma resposta para essa pergunta, surge um bando de gente em minha cabeça. Eu admiro minha amiga Cheryl por sua coragem, Laura por sua integridade, Mimi por suas idéias criativas, John por sua sensibilidade, Gail por sua generosidade, Gary por seu carinho e entusiasmo, Michael por seu humor. Seu espírito o induz a se conectar com as pessoas ao seu redor para que você aprenda com suas qualidades. Podem ser pessoas que você conheça da vida real ou aquelas que você admira à distância. Mas observe que o que você aprecia e respeita nos outros são qualidades com as quais você se identifica e que deseja imitar.

Em toda essa discussão acerca de criar a vida que desejamos, nós sempre focalizamos o que pode ser materializado. Que *tipo* de emprego? Qual *marca* de carro? *Quanto* dinheiro? E nos esquecemos das qualidades que gostaríamos de desenvolver — honestidade, paciência, virtude, bondade e compaixão — a fim de conquistarmos nossos objetivos na vida. Falamos em realizar nossos projetos e esperamos que, tão logo consigamos, tornemo-nos pessoas melhores, sossegadas e satisfeitas para sempre. Porém, nosso ser superior tem outros planos. O Universo se utiliza de nossos desejos para promover o desenvolvimento das qualidades de nossa alma, qualidades estas que viemos à Terra para aprender.

Eu creio que uma de minhas grandes lições foi aprender a ter paciência. Escrever e publicar livros tem sido um exercício de paciência impressionante. Eu espero as palavras virem à cabeça, o capítulo estar completo, encontrar um agente, encontrar uma editora, ver minhas palavras serem editadas, ver o livro ser impresso, os críticos escreverem o que acharam e, finalmente, eu espero que os leitores queiram comprar e ler o meu livro. Do início ao fim, o projeto de execução de um livro pode levar anos. O que eu compreendi, com minha intuição, foi que meu dever é aprender a aproveitar cada passo, saborear os estágios do processo, mais do que chegar ao objetivo.

Também estou consciente de que minha dificuldade em ser paciente tem um aspecto bem interessante — ou uma vantagem — se preferir assim. Ela me transformou em uma pessoa mais disposta a correr riscos. Eu costumo brincar dizendo que cheguei aonde estou porque eu salto antes de olhar. Isso também me ajudou a acreditar em minha intuição. "Por que esperar?", eu me pergunto. "Se parecer certo, eu faço!" E normalmente as coisas dão certo.

Muitas qualidades que você quer aperfeiçoar com a leitura deste livro também oferecem uma vantagem para você. Eu tenho uma amiga que confessou ser sempre intolerante e preconceituosa. Ela reconhece isso e fica atenta para tentar desenvolver sua compaixão. Entretanto, o que eu mais gosto nela é sua honestidade. Eu sei que ela vai me dizer a verdade mesmo quando ninguém mais diz. Ela é sincera e direta e não se engana sobre os fatos. Eu acho bom ter ela por perto (exceto quando estou muito sensível!).

E você? Quando pensa sobre as dificuldades que passou na vida, você consegue ver o fio de uma lição constante que lhe vem sendo ensinada? Você pode notar como aqueles desafios o fortaleceram e o ajudaram a desenvolver algum atributo mais positivo e espiritual, como a compaixão ou a bondade? Em seu livro *We Are God*, o autor Deena Naidu escreveu: "Deixe a compaixão ser seu braço direito; a tolerância, seu braço esquerdo; a assistência, sua perna direita; a boa vontade, a esquerda. Deixe o amor ser seu tronco e a verdade ser seu ventre. Deixe a bondade ser seu pé direito e a coragem, o esquerdo. Com todas essas qualidades como parte de sua constituição, como você poderia ser algo menos que divino?"

Nós todos estamos aqui para aprender. Esta sala de aula chamada Terra é um lugar maravilhoso e milagroso. Ela oferece, continuamente, oportunidade para que abramos nossos corações, para que amemos aos outros como a nós mesmos e para que nos conectemos com o espírito a fim de encontrarmos nosso caminho.

Exercício intuitivo: quem você gostaria de ser?

A seguir temos uma tabela com as qualidades mais comuns.

1. Circule aquelas que você já tem.
2. Coloque um X ao lado daquelas que você gostaria de desenvolver.

Ambição	Preocupação com a natureza	Consideração com os outros
Talento artístico	Caridade	Compaixão
Competência	Coragem	Criatividade
Curiosidade	Segurança	Determinação
Dedicação à carreira	Dedicação ao meio ambiente	Dedicação à família
Diligência	Discrição	Empatia
Entusiasmo	Experiência	Expressividade
Flexibilidade	Precaução	Cordialidade
Generosidade	Gentileza	Habilidade
Poder de cura	Humildade	Veia cômica
Imaginação	Compreensão	Integridade
Inteligência	Intuição	Bondade
Liderança	Lealdade	Poder de negociação
Organização	Paciência	Perseverança

Boa forma física	Precisão	Desenvoltura
Sensibilidade	Delicadeza	Espiritualidade
Força	Elegância	Talento
Consideração	Afeto	Excentricidade

3. Que áreas de sua vida são mais fáceis por causa das qualidades que você circulou?
4. Que áreas de sua vida são mais difíceis por causa das qualidades que você indicou que não possui?
5. Pense em um período difícil de sua vida. Descreva-o sucintamente em seu diário.
6. Que qualidade você acha que sua intuição divina pode estar tentando ajudá-lo a desenvolver, por meio de sua experiência, durante esse difícil período?
7. Enquanto descobre quais qualidades gostaria de desenvolver, tente a técnica do "e se...". Aja como se você já tivesse essa qualidade. Fazendo isso regularmente, você já terá meio caminho andado.

Seu diário intuitivo

Algumas qualidades parecem ter nascido com você, tal a facilidade que encontra para absorvê-las. Outras, você tem que trabalhar mais para desenvolver.

Houve algo que o surpreendeu nas qualidades que circulou ou naquelas em que marcou um X?

Que qualidades você mais gostaria de desenvolver?

O que você poderia fazer para permitir esse desenvolvimento?

Existe alguém que possua em abundância alguma qualidade em particular que você gostaria de desenvolver? Pense em ter uma conversa com essa pessoa. Incite-a a falar acerca de sua experiência de vida. Você pode ser influenciado por sua forma de pensar e por seus sentimentos.

LIÇÃO 52

O melhor ainda está por vir

Nós nascemos equipados com tudo o que precisamos para viver uma vida poderosa, repleta de alegria e de paixão e profundamente pacífica. O difícil é nos permitirmos viver essa vida.

— Deborah Rosado Shaw

Parte de viver uma vida apaixonante está em habituar-se a pensar grande. O que acontece quando seu sonho enfim se realiza? Você consegue o emprego que sempre quis. O contrato para a publicação de seu livro é assinado. Você tem a oportunidade de falar em cadeia nacional de televisão sobre seu produto ou serviço. Você encontra o homem (ou a mulher) de sua vida. Seu filho mais novo sai de casa para estudar e sua vida torna-se finalmente sua. Uau! Até que enfim você conseguiu! É uma benção, não é? Mas por que parece tão assustador?

Quando o sucesso bate à nossa porta, nem sempre nos sentimos prontos para ele. Por quê? Existe um estranho processo que se inicia quando começamos a conquistar o sucesso e a expandir nossos planos de vida. Você tem que se desenvolver internamente. Nossa autoconfiança e nosso auto-respeito têm que ser desenvolvidos e se equiparar à expectativa que temos sobre a vida. A vida é um processo. E o que está em questão não é apenas a conquista dos objetivos. Um espírito de amor, que deseja nos ver evoluindo na fé, no amor e na coragem, nos empurra constantemente para um espaço que fica além de nossa zona de segurança. Temos que evoluir em direção aos nossos novos sonhos.

É normal sentir-se assustado e inseguro. Quando meu primeiro livro, *The Complete Idiot's Guide to Being Psychic*, foi publicado, fiz tudo que eu ensinava nele. Eu queria que o livro se tornasse um sucesso, então eu rezei, visualizei, afirmei, ouvi minha intuição, dei pequenos passos e pratiquei grandes atos. Um dia eu recebi uma ligação do que eu pensava ser a afiliada da rede de televisão local. Eles queriam gravar uma rápida entrevista comigo. "Ótimo!", pensei. "Meus sonhos estão se realizando." Aquele pensamento foi imediatamente seguido por um medo incontrolável. Eu chorei. Entrei em pânico com a preocupação sobre o que vestir, pois me sentia um pouco gorda. E se eu errasse uma resposta ou, pior ainda, tivesse um branco na hora e nenhuma resposta plausível saísse de minha boca? De um lado, eu sabia que tinha que comparecer à entrevista; de outro, eu desejava que fosse outra pessoa, e não eu, a ser entrevistada.

Eu me preparei praticando falsas entrevistas com meus amigos e, durante essas falsas entrevistas, eu pude me dissolver em lágrimas nos momentos difíceis. Finalmente, chegou o dia da entrevista verdadeira. Vestindo uma roupa nova e ainda sentindo-me insegura, cheguei ao meu escritório, onde a equipe de jornalismo já estava pronta. Soube então que a estação de televisão não era uma afiliada de Boston; minha entrevista seria transmitida para uma audiência nova, de alcance internacional. Eu queria morrer. Minha voz interior cantava em meus ouvidos: "Improvise enquanto pode." Era a única coisa que eu conseguia pensar em fazer. "Como uma pessoa confiante agiria neste momento?", perguntei-me. Endireitei meus ombros, ergui minha cabeça e manobrei a entrevista como uma profissional. E só comecei a chorar novamente quando entrei em casa. E naquele momento eram lágrimas de alívio.

Estou contando essa história porque sei que você experimentará variações dessa mesma situação quando começar a buscar seus sonhos. Todos que conquistaram um objetivo tiveram que, em determinado momento, atravessar um caminho desagradável para ultrapassar o lado "seguro" e alcançar as benesses que os esperavam no lado oposto. As boas notícias são que, a cada travessia, o caminho se torna mais fácil. Hoje, quando sou chamada para uma entrevista, sinto-me calma, fria e controlada. Na verdade, até anseio pelo evento. Ele não me parece mais assustador ou intimidante. Eu gosto de estar no palco! A confiança, o respeito próprio e a auto-estima que eu conquistei, como resultado de caminhar sobre o fogo da dúvida e do medo, deram-me liberdade para criar a vida que eu amo. Eu posso sonhar grandes sonhos, sabendo que, com o tempo, eu conseguirei conquistá-los.

Você tem uma escolha acerca do tipo de vida que deseja criar para si. Haverá obstáculos, medo e confusão em seu trajeto? Claro que sim! Entretanto, quando a maior parte de suas horas e dias for preenchida por alegria, amor, coragem e paixão, você saberá que está no caminho certo. Este poema de Robert Frost parece uma boa sugestão para encerrar e... iniciar:

> Eu posso estar dizendo isto lamentando
> Que em algum momento muito distante
> Duas estradas divergiam em um bosque, e eu...
> Eu tomei a estrada menos viajada,
> E isso fez toda a diferença.

Quando encontrar essa estrada, siga caminhando e não olhe para trás, pois o melhor ainda está por vir.

Exercício intuitivo: a vida que você nasceu para viver

Feche os olhos e imagine-se sentado em um lindo jardim, iluminado por uma luz dourada. (pausa) Em volta de você estão todos os mestres, guias e anjos que o assistiram em sua caminhada. Você está na cerimônia de sua formatura. (pausa) Deixe que o amor deles envolva você. (pausa) Todos estão satisfeitos com seu progresso. (pausa) Um belo e rico tapete vermelho foi estendido na sua frente. Ao fim desse tapete, existem alguns degraus e, no topo desses degraus, está seu guia interior. Seu guia está segurando um cordão dourado com uma linda e radiante estrela. Enquanto você sobe os degraus para ficar frente a frente com seu guia, o cordão é colocado em seu pescoço e a estrela pendente descansa graciosamente sobre seu coração. (pausa) Foi dito a você que a estrela é a chave que o ajudará a liberar todo o seu potencial. Sempre que precisar de conselhos sábios, você terá somente que pensar no colar e saber que as respostas virão. Você não está sozinho.

Imagine-se caminhando em direção aos guias e anjos que têm uma mensagem para você naquele momento. Pare na frente deles e peça por sua sábia orientação. Imagine que o amor deles por você preenche seu ser com uma onda de energia. (pausa) Saiba que mesmo que você não consiga ouvir as respostas, sua alma estará sentindo o resultado de que ela precisa. (pausa) Você se sente repleto de gratidão e receptivo à fartura que o cerca. (pausa)

Você é encaminhado para uma poltrona confortável num canto do jardim. Respira fundo e se sente ainda mais relaxado. (pausa) Todos os seus guias e anjos estão reunidos à sua frente. Sinta a presença deles enviando-lhe uma energia amorosa que espanta qualquer medo, mal-entendido ou dúvida. Sinta-se livre para viver a vida que veio aqui para viver. Seu propósito é tornar-se puro. Você sente uma nova esperança e coragem enquanto se expõe a essa energia divina de amor.

Você tem alguma dúvida? Esta é a hora de perguntar. (pausa) Você só tem que perguntar e confiar, que as respostas virão; elas sempre vêm. Seu sistema de orientação divina está sempre alerta e pronto para guiá-lo.

Abra os olhos quando achar que está pronto e continue a criar a vida que você veio aqui para viver.

Seu diário intuitivo

Chegamos ao fim do livro. É um ótimo momento para uma revisão!

Quais conquistas o deixaram mais orgulhoso este ano?

De que modo você aumentou sua crença em sua intuição?

Como você considera mais fácil receber orientações? Por sonhos, vozes interiores, emoções, meditação, imagens simbólicas, coincidências, sincronias?

O que você pretende fazer para criar ainda mais amor, paixão e felicidade em sua vida?

Se você fosse seu guia interior, que conselhos daria a si mesmo sobre como viver sua vida?

Dentro de você estão as riquezas do Universo. Sua intuição irá sempre dirigi-lo, com firmeza, para o amor, o sucesso, a paz, a saúde e a felicidade. Meu desejo é que você ouça a voz meiga e delicada que vem de dentro de você e fique atento aos sábios conselhos que apontam para a realização dos seus sonhos.

PRODUTOS E SERVIÇOS PARA CONQUISTAR O SUCESSO

Conferências e seminários

Você está procurando um orador dinâmico, estimulante, divertido e instrutivo para a próxima conferência ou evento corporativo de sua empresa? Lynn Robinson é uma das maiores especialistas no assunto "intuição". Ela também é uma das melhores conferencistas na área. Membro da Associação Nacional de Conferencistas, com mais de quinze anos de experiência em palestras, Lynn recebe constantemente críticas elogiosas ao conteúdo de seu trabalho, ao seu estilo natural e consciencioso e ao seu cativante senso de humor.

Consultas intuitivas para negócios

O seu negócio poderia melhorar? Muitas decisões de negócios precisam ser tomadas com rapidez. A lógica e a análise só podem oferecer respostas parciais, e freqüentemente há algum dado incerto em que a decisão se baseia. Lynn usa sua intuição para "conectar-se" com a essência do problema que envolve seu negócio. A informação que ela recebe pode ajudar a criar soluções que permitam que você alcance sua meta com precisão. Seus insights cobrem um grande espectro, incluindo estratégias criativas de marketing, formas de aumentar a motivação dos empregados e as chances em lançamentos importantes de produtos e muito mais.

Fitas de áudio

Lynn produz uma série de fitas de áudio com orientações, entre elas: "*The Intuitive Life Series*" [*série A vida intuitiva*], "*Prosperity! The Intuitive Path to Creating Abundance*" [*Prosperidade! O caminho intuitivo para promover a fartura*], "*Creating the Life you Want* [*Criando a vida que você quer*] e muitas outras.

Informações intuitivas grátis por e-mail

Você receberá mensalmente uma compilação com informações úteis, assim como dicas valiosas sobre como desenvolver sua intuição, críticas literárias sobre tópicos do interesse dos leitores e sugestões sobre sites da Internet relacionados com intuição e espiritualidade.

Informações e contatos

Lynn A. Robinson
Intuitive Consulting, Inc.
P. O. Box 81218 — Wellesley Hills, MA 02481 — EUA
800-925-4002 ou 617-964-0075
E-mail: Lynn@LynnRobinson.com
Web Site: http://www.LynnRobinson.com

A AUTORA

LYNN ROBINSON, Mestre em Educação, é uma das maiores especialistas americanas no campo da intuição. Ela é uma autora e conferencista motivacional popularmente reconhecida. Como consultora intuitiva, ela atende não só empresas, mas também clientes particulares, oferecendo dicas relacionadas a metas, decisões e estratégias e ensinando como aplicar o uso das habilidades intuitivas para acessar informações.

Ela é autora de quatro livros, incluindo *Divine Intuition: Your Guide to Creating a Life you Love*, que foi escolhido como um dos melhores de 2001 pela livraria virtual Amazon.com e ficou entre os dez mais vendidos do ano na categoria espiritualidade. Ela também é co-autora do *The Complete Idiot's Guide to Being Psychic.*

Lynn escreve uma coluna oferecendo conselhos sobre "intuição no trabalho", para o site iVillage.com, uma página líder na Internet, com 9,5 milhões de membros. Ela já foi colaboradora do Boston Globe e o USA Today, e participou como convidada em muitos programas de rádio e televisão da Fox Cable News e da Wisdom Television Network. Ela já foi entrevistada pelo *New York Times*, pelas revistas *Redbook*, *Glamour*, *Good Housekeeping*, *Woman's World* e *First for Women.*

Lynn ensina que a intuição é uma fonte disponível e inesgotável de orientação para todos nós — uma inteligência invisível que anima nosso mundo e nos ajuda a guiar nossas vidas. Quando seguimos sua sabedoria, somos guiados para o sucesso, a felicidade, a paz e a alegria. Ela acredita que todos temos a habilidade de acessar esse poder e desenvolver e conquistar objetivos de longo prazo.

Ela é membro efetivo da National Speakers Association e uma requisitada conferencista motivacional, que ajuda pessoas a promoverem mudanças e a conquistarem seus sonhos — tanto no campo pessoal quanto no profissional — seguindo a intuição. Com mais de 15 anos de experiência como palestrante, Lynn recebe excelentes críticas pelo conteúdo de seu trabalho, por seu estilo natural e consciencioso e por seu excelente senso de humor.

Lynn produziu a série de fitas de áudio *Living the Intuitive Life* e escreveu o popular fascículo *Prosperity! The Intuitive Path to Creating Abundance*. Ela trabalha como consultora intuitiva desde 1983, tendo fundado e presidido a Intuitive Consulting Inc. Lynn publica mensalmente o *Intuition Newsletter*, disponível em seu website, www.LynnRobinson.com.

Este livro foi composto na tipologia Goudy Old Style BT, em corpo 11,5/15, e impresso em papel off-white 80g/m², no Sistema Cameron da Divisão Gráfica da Distribuidora Record.